雷玲————主编

好课是这样创成的

数学卷

华东师范大学出版社

全国百佳图书出版单位

目 录
C O N T E N T S

第二篇　主题创新

第一篇　精彩片段赏析

标准，让负数更敞亮

——特级教师蔡宏圣"认识负数"的教学赏析

在一次"苏派名师"课堂教学研讨活动中，我聆听了特级教师蔡宏圣执教的"认识负数"一课。蔡老师从比较几位运动员的身高入手，不断变化比较的标准，从而引导学生紧扣"零"来认识负数。教师教得简单而生动，学生学得扎实而深刻，更为难得的是，课堂给人一种清朗、敞亮的印象。下面让我们一起来欣赏三个教学片段。

片段一："零"之动

（课前播放中国国家形象宣传片"人物篇"，让学生说说看到了谁。）

师：刚才视频中的体育明星，一共有几位？

生：5 位。

师：（隐去人物，剩下背景图）现在呢？

生：没有人，用"0"表示。

师：大家常用的直尺上有刻度"0"，这里的"0"也表示没有吗？

生：直尺上的"0"表示开始的数，就是要从这里开始测量。

师：对，在不同的情境中，"0"可以表示不同的意义。有了尺，我们可以得到体育明星们的身高数据。据说，郎平身高 184 厘米，丁俊晖身高 174 厘米，郭晶晶身高 164 厘米。运动员碰到一起，比一比身高是比较自然的事情。三人中，如果我们把郭晶晶的身高当作标准（板书：标准），看作 0，那么丁俊晖和郎平的身高可以记作多少？（点击课件：一条水平线从三人脚底不断上升，在郭晶晶头顶处停止。）

生：丁俊晖的身高可以记作 10，郎平的身高可以记作 20。

郎　平	20
丁俊晖	10
郭晶晶	0

师：一条直线，等距离取了 3 个点，3 个人的身高情况在这条直线上怎么表示呢？

生：最下面的点表示郭晶晶的身高，也就是 0；往上就是丁俊晖的身高，表示 10；最上面的点是郎平的身高，表示 20。

（随学生回答，教师在直线上相应的点旁标上 0、10、20。）

师：还可以谁为标准？

生：也可以丁俊晖或者郎平的身高为标准。

师：现在，把丁俊晖的身高 174 厘米当作标准，看作 0（点击课件：水平线再次上升），那郎平和郭晶晶的身高怎么记？

郎　平	10
丁俊晖	0
郭晶晶	10

（教师根据学生口头列式得出上表）

师：以丁俊晖的身高为标准，出现了高、矮这样一组相反意义的量（板书：相反意义），用我们以前学过的数表示不出那个相反的意思。请大家思考，怎样记录，一眼就能清楚地看出谁高 10 厘米，谁矮 10 厘米？

（学生寻找新的记录方法，然后交流。）

生：我用文字，郎平记录为"高 10"，郭晶晶记录为"矮 10"。

生：我在表示郭晶晶的身高数据前，加了减号"－"，表示还少 10。

师：两种方法各有各的妙处，但传递的信息却是一致的，那就是我们以前学的数的确不够用了。历史上，数学家们为了表示相反意义的量，也想了很多方法，比如在数旁加不同方向的箭头，在其中一个数上加个圆点等。自20世纪初，数学家们开始在数前面加符号"+""-"，这种方法一直沿用至今。不过，读法上已经有了新的变化，分别读作正10、负10。这里的符号分别是正号和负号，正数前的正号可以省略，负号不能省略。现在，刻度0表示什么？

生：表示丁俊晖的身高。

师：郎平比丁俊晖高10，哪个点表示郎平的身高？

生：中间那个点，已经标了10。

师：郭晶晶比丁俊晖矮10厘米，我们可以记作-10，哪个点可以表示这个-10，也就是郭晶晶的身高？觉得这个点已经有的话，请标出来，如果觉得还没有画出来，请大家在作业纸上画出来。

（学生在作业纸上画出表示"-10"的点，然后交流。）

师：上面分别以郭晶晶和丁俊晖的身高为标准，得到了一些有意思的数据。据说，姚明身高224厘米，邓亚萍身高155厘米，我们看看表格是以谁的身高为标准进行比较的？

生：以郎平的身高为标准，因为郎平的身高已经记作"0"了。

师：以郎平的身高为标准进行比较，我们会得到哪些新的数据呢？请大家先在表格里填一填，然后在带有刻度的直线上找一找这些数应该在哪里。

（学生按照要求，先填表，然后在直线上找点，最后交流。）

姚　明	
郎　平	0
丁俊晖	
郭晶晶	
邓亚萍	

师：刚才我们以不同体育明星的身高为标准进行比较，得到了这些数（手指黑板上的板书）。丁俊晖是同一个人，为什么一会儿被记作10，一会儿被记作-10呢？

生：因为比的标准不一样。记作10，是拿郭晶晶的164厘米为标准的；记作-10，是以郎平的184厘米为标准的。

师：谁来说说这些正负数是怎么来的（手指板书中的数）？

生：都是和标准比出来的，比标准身高高的就是正数，比标准身高矮的就是负数。

点　评

比身高是学生日常生活中熟悉的场景和话题，将此作为课堂教学的开始，教学流畅，衔接自然，能够吸引学生广泛且深度地参与。其中，以丁俊晖身高为标准，第二次抬升"零"的基准线，使得高10和矮10构成一组意义相反的量，负数就在如何区分意义相反的两个数中悄然来袭。"怎样记录，一眼就能清楚地看出谁高10厘米，谁矮10厘米？"教师自然的一声追问，不仅让学生感受到过去所学的数在表达相反意义的量时的局限性，产生学习新数的需求，而且促使他们借助生活经验联想到在"10"这个数前添加不同的符号表达相反的意义。从"矮10"的文字到"-10"的符号，学习的抽象程度在递升，建构的思维含量在增加。不断变动代表标准的"0"，促进学生再学习、再创造、再提高，同时训练和发展学生的观察、分析、交流、创新等能力。学生在看得见、摸得着、听得见的情境中，感受着负数丰富的现实背景和数学价值。

片段二："0"之辩

师：好，既然如此，老师以站在这里不动作为标准，如果向前走3步，记作3，那么负数就是？

生：向后走几步。

师：（拿起一个铅笔盒）如果以这个铅笔盒的价钱为标准，那么比这个价格高的是什么数？比这个低的记作什么数？

生：比标准价格高的就是正数，低的就是负数。

师：把标准看作0，比这个标准多的、厚的、重的、高的就是——

生：（齐）正数。

师：那负数表示——

生：比标准少的、薄的、轻的、矮的。

师：到这会儿，我们对正负数有了很好的理解，不妨来练一练。

（出示练习：读一读，分一分，哪些是正数？哪些是负数？ −5、8、+26、−2/3、−160.6、1.84。）

（学生口答，教师点击课件，数字逐一移到表示正数、负数的圈里。）

师：编题的时候，有个数老师没有写上，就是0，它到底是正数还是负数呢？请大家发表意见。

生：0是正数。0下面是负数，上面是正数。

生：0是正数。0前面没有负数的符号。

生：我不同意他的说法。0是正数和负数之间的数。

生：0是正数，也是负数。

师：0什么时候是正数，什么时候是负数呢？

生：0作为比较的标准，把0看作正数或者负数都不合适。

生：0在正数和负数中间，可以是正数，也可以是负数，还可以说两个都不是。

生：0是分界点。

师：的确如此，数学中的约定首先不能有多种解释。正因如此，我们就约定0既不是正数也不是负数，它是正负数的分界点。

师：所有的正数都比0——

生：（齐）大。

师：所有的负数都比0——

生：（齐）小。

教学不仅仅是告诉学生是什么，更需要学生自己经历。经历，不是从已知到已知，而是从不知到知。教师要真正关注学生学习的过程，勇于、乐于向学生提供充分研究的机会。有效的对话、思辨是本环节的主要活动。先是借助对话引导学生充分理解负数的意义，比标准多的、厚的、重的、高的就是正数，负数表示比它少的、薄的、轻的、矮的。在开放的思考中，同学间的讨论和教师的介绍，都使学生明确了相反意义的量可以用"+""-"来表示，实实在在地经历了一次负数的创生过程。接着，在探究 0 与正负数关系时，教师着意让学生自由表达，充分交锋，对培养学生的批判思维能力和数学交流能力有积极的作用。同时，注意发挥教师的主导作用，在学生说到"0 是正数，也是负数"时，教师适时调控、巧妙诱导，从而帮助学生在言语争辩和思维交锋中建构了"0 既不是正数，也不是负数"这一数学规律，建立了完整、清晰的数的体系。

片段三："0"之悟

师：先定标准，再通过比较来确定数量的性质，这种思考方法大有用处。

师：比如用于气温高低的确定。气温的变化不能用增减衣服来表示，要用量化的数据来说明。所以，500 多年前就有了温度计。但一开始没有标准点，所以同一个温度，不同的温度计上的读数不一样。因此，确定一致、公认的标准点是关键。很多科学家为此作出贡献。比如，我们熟悉的牛顿把雪融化时的温度定为 0 度，人的正常体温定为 12 度，但此方案没有得到大家的认同。300 多年前，瑞典物理学家安德斯·摄尔修斯提出，将水的冰点作为一个标准温度点，把水的沸点作为另一个标准温度点，并把冰点和沸点之间等分 100 份。在 1948 年国际计量大会上，这种方法得到认可。为纪念摄尔修斯，人们把温度单位定为"摄氏度"，用符号℃表示。

请大家看左边的表格（略），思考和讨论下面的问题：

（1）哪个城市的气温最低？哪个城市的气温最高？

（2）能把这几个城市的气温按照由冷到暖的顺序排一排吗？

（3）如果要把这几个温度在温度计上表示出来，根据正数、负数、0之间的关系，应该最先确定谁的刻度？为什么？

（4）哪个温度的刻度离0刻度最远？哪几个刻度和0之间的距离是相等的？

……

师：先定标准，再通过比较，用正负数来表示数量，这种思考方式在数学中同样得到广泛运用。我们看下题：某小组5位同学的体重如下表（表格略），他们的平均体重是多少？

生：（28+35+29+31+27）÷5。

师：你能用今天领悟的方法来解决它吗？

生：把小明的身高作为标准，小明的体重记作0，小马的——

师：对不起，老师打断你的发言，大家一起来动动脑筋，沿着这位同学的思路：如果把小明的体重记作0，那其他同学的体重怎么记录？怎么计算？请大家想一想。

点　评

数学学习的最终目的，是应用数学知识和方法解决生活中的实际问题。温度计是许多教材编写认识负数这一内容时的重要载体，蔡老师也是围绕"标准"这一教学核心阐释温度及温度计中的数学教育价值的。同样的教学内容，同样的生活素材，因教师匠心独具的"组装"，生成极富张力的活动资源。在气温的排序中，渗透了正负数的大小比较；在体重平均数的计算中，也蕴含着差是负数的意象。上述练习，一方面，促使学生深化对负数的认识;另一方面,让学生感受到确定标准在生活中的价值。这既发展了学生的数学思维和数学眼光,又为学生未来进一步学习负数埋下一粒种子,可谓一举多得。

总　评

端坐在"认识负数"的课堂上,我不断听到两个具有核心价值的教学关键词:0和标准。它们俨然数学明星,有时分而用之,有时合二为一,如影随形。

第一,因为"0"动,所以灵动。

认识负数,为什么从"0"开始?0,这个一年级起就被学生认识的数字,还有被重新提及的必要吗?在人类对负数的认知过程中,0曾经是一个难以逾越的坎。著名数理逻辑学家德·摩根就曾固执地认为,"考虑比0小的数是荒谬的"。毋庸置疑,蔡老师对于0的审视是全面的,是准确的,是有价值的。教学中,蔡老师多次变换0这一比较标准,重视0的意义的重建,因此把握了数学本质,课堂也变得清晰。

第二,因为"标准",所以精准。

教学中,蔡老师为负数找寻到一个比身高的情境,最初我对此不甚理解。教材中也有关于负数的一些数学史的介绍,"粮食入仓为正,出仓为负;收入为正,付出为负",这似乎才是人类认识负数的本源。许多案例也正是从这里出发导入新课的。郑毓信教授在《国际视角下的小学数学教育》一书中谈到"概念定义"和"概念意象"时指出:"数学概念的心理表征在大多数情况下并非由相应的形式定义,而是一种由多种成分组成的复合物……所谓的概念意象,就是指与所说的概念直接相联系的各种心理成分的总和,包括心智图像、对其性质及相关过程的记忆等。"心理学研究表明:学习内容和学生熟悉的生活背景越贴近,学生自觉接纳知识的程度就越高。在反复思量中,我渐渐明白,身高不过是一个比温度计、海拔高度更常见也更可爱的数学替身。站在儿童的立场,"比身高"是认识负数更为精准的切入点。在本课中,教师安排比较相对身高,使得学生体会到相反意义的两种量,以及感受到发明负数的必要性。至于承载负数的情境是什么，就变得没有那么重要了。

至此，我不禁感叹：标准，让负数更敞亮！

（江苏昆山市玉峰实验学校　仲崇恒）

猜测验证，柳暗花明

——特级教师牛献礼"探索计算中的规律"教学艺术赏析

借用陆游《游山西村》中的"山重水复疑无路，柳暗花明又一村"，来形容依据新课标编写的教材中的计算规律的发掘旅程显得更为形象。通过多种方法找寻计算中的规律，学生学会了用数学"大思想"来看待事物，不再局限于仅仅看到显性的知识，而是会用更广阔的视角去看世界，用数学的方法去认识客观世界中各种各样的事物，学会通过数学思维来把握千变万化的现象。

如教学"探索计算中的规律"一课，牛献礼老师并非通过课堂让学生形成某个数学解题步骤，而是以"前一个分数是后一个分数的 2 倍的分数加法算式求和"这一知识为载体，运用"转化"和"数形结合"的思想方法，使学生经历"猜想、验证，再猜想、再验证"的科学探究过程，体验数学规律的形成过程，感悟探究数学规律的一般方法。我想，这才是牛老师这一课教学设计的重点。在探索计算规律的过程中，牛老师和学生一起经历"猜想、验证，再猜想、再验证"的思维旅程。这给我留下深刻的印象。

（1）猜想、验证。

……

师：借助直观的图形，可以把计算几个部分的和转化为求一个正方形减去空白部分所得的差。$\frac{1}{2}+\frac{1}{4}+\frac{1}{8}=1-\frac{1}{8}=\frac{7}{8}$。

师：有人说，几个分数相加，如果前一个分数是后一个分数的 2 倍，那么求它们的和，只要用 1 减去最后一个分数就行了。你同意吗？

生：用 $\frac{1}{3} + \frac{1}{6} + \frac{1}{12} + \frac{1}{24}$ 验证，发现猜想错误。

（仍借助直观的图形来探索规律。让学生借助图形解释为什么猜想 1 是错误的。）

（2）再猜想、再验证。

师：既然那个发现、那个猜想是有问题的，我们接着来探究应该是什么样的规律。

生：$\frac{1}{4} + \frac{1}{8} + \frac{1}{16} + \frac{1}{32} = \frac{1}{4} + \left(\frac{1}{4} - \frac{1}{32} \right) = \frac{1}{4} \times 2 - \frac{1}{32} = \frac{15}{32}$。

师：有人说，如果前一个分数是后一个分数的 2 倍，求这样一组分数的和，只要用第一个分数的 2 倍减去最后一个分数即可。你们说对吗？

（学生通过举例验证，发现猜想 2 是正确的。猜想 1 并不具有普遍性，猜想 2 具有普遍性。）

点 评

牛老师以分数口算题作为载体，让学生在计算中发现这类计算结果有规律，先从表面形式上观察"分数相加，前一个分数是后一个分数的 2 倍"这一规律，从而提出猜想，再引导学生写出 $\frac{1}{2} + \frac{1}{4} + \frac{1}{8}$，$\frac{1}{3} + \frac{1}{6} + \frac{1}{12} + \frac{1}{24}$，$\frac{1}{4} + \frac{1}{8} + \frac{1}{16} + \frac{1}{32}$ 三个算式。在计算 $\frac{1}{2} + \frac{1}{4} + \frac{1}{8}$ 时利用正方形代表单位"1"的数形结合，学生发现"几个分数相加，如果前一个分数是后一个分数的 2 倍，那么求它们的和，只要用 1 减去最后一个分数就行了"这一猜测，但在验证其普遍性时发现了错误。这时牛老师用"既然那个发现、那个猜想是有问题的，我们接着来探究应该是什么样的规律"，用简约而不简单的语言引领学生继续利用正方形代表单位"1"，猜测发现"如果前一个分数是后一个分数的 2 倍，求这样一组分数的和，只要用第一个分数的 2 倍减去最后一个分数即可"，举例验证此发现具有普遍性。在验证过程中产生新的问题，再次运用数形结合的方法，转换观察视角，深入思考，大胆提出新的猜想，进而发现更具有一般性、普遍性的规律。这样，学生在猜想—验证—再猜想—再验证的过程中体验数学规律的形成过程，感悟探究数学规律的一般方法。

整节课经历"猜想、验证，再猜想、再验证"的科学探究过程。牛老师并没有一开始就让学生得出正确的规律，而是让学生在大胆猜测中"碰壁"，再猜测。在 40 分钟里，学生在与老师、同伴充分交流的过程中，体验到探索的艰辛、错误的困惑、发现的乐趣，还有"柳暗花明"时的喜悦和"恍然大悟"后的快乐。这节课不但让学生获得对所授算式的规律认识，还着意培养学生思考探究的科学精神和科学态度。

总之，牛老师这节课上的教学用语，要言不烦，简洁明确；教学信息少而精致，不满不溢，留有余地。牛老师引领学生通过数形结合、"猜测、验证"等方法，学会了科学的思维方式，体验了成功的喜悦。计算中的规律就在反复猜测、验证中柳暗花明。

（浙江省杭州市安吉路实验学校　方芳）

在孩子心中播下"时间"的种子

——江苏省苏州市学科带头人缪建平"认识秒"教学赏析

苏州市教育科研学术带头人缪建平老师在苏州市课程改革研讨会上施教了"认识秒"一课。在课上，他努力践行"趣、序、顺、变、度"五字教学理念，为全体教师献上了一堂精彩的数学课。下面就相关片段进行赏析。

片段一：认识"秒针"和"1秒"

［通过"运动员百米赛跑用了（　）"（时间单位）激发学生学习欲望后揭题，然后开始认识"秒针"和"1秒"。］

师：请大家一起来看钟面（展示钟面模型），谁来说说，钟面上有几个大格，几个小格？

（学生回答）

师：这些都是什么针？其中，哪个是秒针？（板书：秒针）

生：最长最细，红色的是秒针。（师板书：长、细）

师：谁能给大家讲一讲秒针怎样走才是1秒呢？（板书：1秒）

生：秒针走一个小格就是1秒。（师板书：秒针走一个小格）

师：哦，是这样吗？我们一起看一看。

（放映课件：钟面上秒针一动，走了一小格。画外音：同学们，你看到秒针走了1秒了吗？）

师：你发现了什么？

生：秒针走了一小格正好就是1秒。

师：现在请同学们再来听听，秒针是怎样走动的？（播放课件：秒针1秒钟"嘀嗒"一下）

师：听到了吗？怎样才是1秒？

生："嘀嗒"一下，就是1秒。

师：请同学们模仿秒钟的声音来做一做，看谁"嘀嗒"得准。

（学生模仿秒钟，发出"嘀嗒""嘀嗒"的声音。）

师：1秒钟到底有多长，你还能用其他声音来表示吗？

生：嘀——；嗒——；咔——；嚓——；通——；哇——；叽——

师：谁能用一个动作来表示走了1秒？

生：拍一下手。（做动作）

师：（跟着做）对，很好！

生：我眨一下眼就是1秒。

师：（跟着做）没错，你真棒！

生：我跺下脚就是1秒。

（请大家跟着课件中的秒钟做一做，再请同学来演示，10秒左右。）

点 评

通过放映课件，让钟面上的秒针动一下，走一小格；发出"嘀嗒"声，让学生从视觉、听觉来感受1秒；再让学生发出"嘀嗒"的声音来表达1秒，逐步加深对"1秒"的体验。接着，通过一个动作来表示"1秒"，让学生跟着秒针做一做，同时发出不同的"1秒"的声音，激发学生的多元智能，调动学生的多个感官，他们自然会印象深刻。

片段二：算算、估估"经过几秒"

（在学生深刻体验"1秒"后，缪老师又带领学生算一算、估一估"经过几秒"。）

师：（出示钟面模型）请同学们仔细观察，秒针从12走到了几？走了几小格？是几秒？

生：秒针从 12 走到 1，走了 5 个小格，就是 5 秒。

师：如果秒针从 3 走到 7 呢？

生：20 秒。

师：对，从 3 走到 7，走了 20 秒，在这 20 秒时间里，你能做些什么呢？现在，给同学们 10 秒钟的时间，我们来开始一项比赛——数数，从 1 开始数起，看你在 20 秒时间里能数到几。（老师用秒表计时，学生数数。）

师：现在进行第二项比赛——跳绳，时间为 30 秒，男生和女生进行比赛，看谁跳得多。

师：我们进行第三项比赛，50 秒的口算比赛，请同学们拿出口算练习纸，比一比，看看你在 50 秒的时间内，能做对多少道口算题。

（教师秒表计时，同学们做完口算题后，对得数，并汇报做对几题。）

师：给大家准备了一首古诗《长歌行》（电脑朗读：百川东到海，何时复西归。少壮不努力，老大徒伤悲），谁来估计一下，读完这道古诗，需要多少秒呢？（出示古诗，请两个学生预估时间。）

师：刚才有的同学估计得不太准确，我们需要调整一下，请同学们跟着秒表一起来校正自己这个"小闹钟"。

师：请大家欣赏一首歌《时间就像小马车》（电脑播放），老师用秒表计时，同学们在心里数数，看谁数得准。（然后进行交流与点评）

师：同学们，刚才这首古诗和歌曲，谁知道它们要表达的意思？

生：爱惜时间，珍惜一分一秒；时间过得很快，我们不能浪费时间……

师：是啊，为了节省时间，同学们最好有个闹钟，以防早上起晚了。大家一起来看一看，你还认识计量秒的工具吗？（老师先出示几个，让大家认识，并请同学们作简单的介绍，然后回想生活中见过的秒钟。）

生：秒表、电子表、手机上的计时器、电子辞典中的计时器……

本片段的"经过几秒"分两个层次展开：秒针从 12 开始到几，就是几个 5，念五的口诀就知道几秒了；不是从 12 开始的，就要先弄清楚是几个 5 才行。学生光会计算"经过几秒"还不够，缪老师还带领大家估一估，这就将刚刚认识、体验的 1 秒与几秒进行了深化。只有学生真正会估计了，他们关于"秒"的认识才会在脑海里烙下深刻的印记。

片段三：认识理解 1 分 =60 秒

师：我们继续来看钟面，如果秒针从 12 开始，走了一圈，走了多少秒呢？

生：60 秒。

师：是吗，我们一起来数一数。（放映课件，大家看着秒钟，一起数；钟表的秒针转动一圈，分针移动一个小格。）

师：刚才我们跟着秒钟的"嘀嗒"声从 1 秒数到 60 秒，现在如果不听声音，你能跟上钟表的节奏吗？我们来换一只钟表试试，好吗？

师：现在大家跟着这只钟表再从 1 秒数到 60 秒。（学生数，钟表无声。）

师：大家在数到 60 秒的时候，发现分针有没有走动？

（学生有争论，这时教师让学生再仔细观察一遍，分针原来在哪里，走了 60 秒之后，又到了哪里？重温刚才的过程。）

师：分针走了多少？（请大家仔细看看钟面的格子）

生：一小格。

师：分针走了一小格，表示几分？

生：1 分。

师：当秒针走了一圈的时候，分针正好走了一格，所以，我们可以说 1 分等于 60 秒。（板书：60）

生：（齐读）1 分 =60 秒。（反过来再读一遍）

师：现在请大家想象一下，如果秒针再走一圈，分针会怎么样呢？

生：走一格。

师：同学们真是善于观察，连这么难的问题也能研究出来，真棒！

点 评

1分＝60秒看似简单，其实它内有一个逐步积累表象的过程。在刚刚的认识1秒、几秒的基础上，秒针继续行走到正好一圈的时候，分针正好走了一格。因为第一遍时学生没有关注分针的走动，于是教师就让他们观察第二遍，甚至第三遍……虽然过程似乎"慢了"一点，但这里的"定格式观察"是必需的，它让一颗时间的种子悄悄地埋在了学生的心田。

总 评

缪老师努力践行"顺应儿童天性，让学生首先喜欢数学教师，然后喜欢数学学习"的教学格言，调动多种感官，激发学习的"趣"；遵循儿童认知规律和知识递进规律，引导学生学习的"序"；把知识内化中的同化与顺应方式相结合，"顺"着学生思维的"流"；通过变式练习、动态变化，不断变换学习方式；注意课堂学习的密度、高度、广度、深度、进度，努力把握扶放的"度"。

趣、序、顺、变、度——一种顺应新课程改革的"教学坚守"，一个积淀多年勤勉与智慧的"教育信条"，幸遇，难得，不得不在此分享！

（江苏省苏州工业园区新城花园小学特级教师　赵云峰）

数学是"讲道理的"

——特级教师刘德武老师执教的"平行四边形的面积"片段赏析

什么样的数学课才是一节好课？一节好课的标准是什么？学界在认识上因教学目标、教学对象、执教教师，甚至是地域不同而存在差异。目前，不少一线教师为了上一节"好课"，真是动了不少脑筋：为了体现数学的应用价值，就在教学中加入大量的生活内容；为了突出学生主体，就设计了大量的学生实操活动；为了体现学科整合的思想，就努力嵌入相关自然科学方面的知识；为了丰富课堂语言，就用诗一般的语调讲课；为了突出体现时代感，就使用大量画面精美的课件。一节课下来，涉及的内容方方面面，结果却是，教师都不知道自己在教什么，学生也不知这节课究竟要学什么。这种课最终成了"四不像"，失去了数学应有的味道。

在第 65 届浙派名师暨全国小学数学名师经典课堂教学艺术展示活动中，我有幸听了全国著名数学特级教师刘德武执教的"平行四边形的面积"一课，深刻体会到一节好课应有的特质，同时也嗅到了浓浓的数学味道。

（上课伊始，刘德武老师引导学生复习了长方形、正方形的面积计算方法，追问"为什么叫'面积'而不叫'面和'或'面差'？"其目的是唤起学生已有的知识经验，明确面积一般用乘法计算。接着，刘老师出示相关图形。）

师：怎样求它的面积呢？

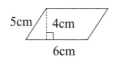

生：6×4。

生：6×5。

师：看来大家都有自己的想法。数学家们对这个问题也有自己的想法。

（教师出示科学家的三种假设：6×5、6×4、4×5）

师：这些想法都正确吗？不可能都正确，只能有1个正确或没有正确的。能停留在假设这个阶段吗？不能，要进一步来验证。

（学生用1平方厘米的小正方形测量）

 $1cm^2$

（教师课件演示用1平方厘米的小正方形平铺平行四边形的过程，学生数，一共有20个完整的小正方形。）

师：哪个答案能排除呢？

生：第三个，因为铺了20个完整的小正方形后，平行四边形还有剩余面积，所以平行四边形的面积肯定大于20平方厘米，因此，4×5这个假设被排除。

师：你真了不起！不仅知道答案的对错，还能说清原因。

（教师课件继续出示8个1平方厘米的小正方形平铺好剩余的平行四边形，学生数，一共有28个完整的小正方形。）

师：哪个答案能排除呢？（学生都同意是第一个并说清了理由）第一、第三个都被排除了，平行四边形的面积就一定是底乘高了吗？

生：不一定。

师：怎么办？

生：继续验证。

生：要研究一个问题，至少要举3个例子。

师：你讲得特别好，"要得到一条正确的结论，至少要通过两种不同的途径（或方法）进行验证""数学是讲道理的"。

师：回忆一下，刚才咱们是怎样得到这个公式的？

生：我们先提出假设，然后把不可能的答案一个一个地排除。

师：好！我们用"假设中排除"的方法，初步得到平行四边形的面积公式：平行四边形的面积＝底×高，还有其他途径吗？

生：（看图）我把平行四边形转化成长方形……

……

师：同学们有了另外一种途径——在想象（或操作）中转化，来证明平行四边形的面积＝底×高。

点　评

1. 冲破禁锢，改造教材。

在各种版本的教材中，利用"剪切平移转化"的方法进行平行四边形面积的教学，已有几十年的历史，在全国小学数学教师中已形成一种固定的教学模式。但这是不是就是唯一的模式呢？带着这样的思考，刘老师对学生的数学学习经验与数学学科的本质进行了深入的研究，充分利用学生学习长方形、正方形求积时密铺操作的数学学习经验，冲破思想禁锢，创造性地改造教材，大胆把"假设中排除"的探究方法作为主要的教学策略，把"想象中转化"作为辅助教学策略。两种方法有薄有厚，张弛有度。学生在教师的引导下积极参与公式的猜想、推导、验证的过程，空间观念与探究能力得到有效的培养。刘老师语言风趣幽默，点拨适时到位，充分彰显数学大师创造性使用教材的高超技艺。

2. "数学是讲道理的。"

日本数学家米山国藏说过："作为知识的数学出校门不到两年就忘记了，唯有深深铭记在学生头脑中的数学精神、数学思想、研究方法等这些随时随地发生作用，使人终身受益。"学生将知识忘却了以后剩下的东西，其核心成分就是数学思维。刘德武老师在"平行四边形的面积"的教学中，不但跳出对公式的死记硬背与反复演练，而且打破传统教材最基本的割补法，引导学生参与科学验证的过程。通过一句通俗易懂、寓意深刻的"数学是讲道理的"，谆谆教诲，把假设中排除、想象（操作）中转化的数学思想方法，润物细无声地深深地印在学生的灵魂深处，使学生学会了数学的思考方式，获得一种"在没有了路标后，还能找到路的能力"。

总之，一节好的数学课，不求面面俱到，只求彰显特色。教师只有了解学生原有的知识基础，激发学生的数学思维，着眼学生的可持续发展，才能不断演绎课堂的精彩。

（北京市通州区教师研修中心特级教师　赵美荣）

重组教材，激发思考，升华理解

——特级教师赵云峰"认识比"教学片段赏析

"认识比"是苏教版六年级上册的教学内容，主要是让学生在具体情境中理解比的意义，掌握比的读写方法，知道比的各部分名称，会求比值；同时，经历探索比与分数、除法关系的过程，初步理解比与分数、除法的关系，进而体验数学与生活的联系，培养学生的分析综合、抽象概括能力。特级教师赵云峰在"认识比"的教学中，居高临下地驾驭教材，富于智慧地重组内容，使教学更加符合学生的认知规律，较好地发展了学生的思考能力。下面一起来欣赏几个教学片段。

片段一：重组内容，鼓励自学，引导理解"比的意义"

师：（出示图）妈妈早晨准备了2杯果汁和3杯牛奶。谁能用算式表示这两个数量之间的倍数关系？（根据学生的回答板书：2÷3、3÷2）

师："2÷3""3÷2"分别表示什么？

（教学时，教师没有绕圈子，借用了书本情境，让学生直接用算式表示两个数量之间的倍数关系，不但突出教学重点，而且为学生发现比的意义提供了支撑。）

师：其实，两个数量之间的倍数关系还可以用比来表示。今天这节课，我们一起来认识比。（板书：认识比）

师：昨天我们已经预习了这一课的部分内容，现在谁来说说果汁与牛奶杯数的比是多少？（可以多请几个学生说一说，根据学生回答板书：果汁与牛奶杯数的比是 2 比 3。)

师：牛奶与果汁杯数的比呢？（根据学生回答板书：牛奶与果汁杯数的比是 3 比 2。）

师：大家有没有注意到，第一个问题是果汁与牛奶杯数的比，果汁 2 杯，牛奶 3 杯，所以是 2 比 3，而第二个问题是牛奶与果汁杯数的比，所以是 3 比 2。我们在写两个数量之间的比时，一定要看清楚谁与谁比。

师：这里的 2 比 3，可以记作 2∶3，谁来说说这个比的各部分名称？（学生根据预习回答，老师板书比的各部分名称，同时说明比号的写法。）

师：比还有一种书写形式，谁知道？（根据学生的回答，板书分数比 $\frac{2}{3}$，并说说这个比的前项、后项。）

师：那么，3 比 2，记作什么？还可以怎么写？我们一起来写一写，并说出这个比的各部分名称。

点　评

教学固然追求一种探究和体验，一种激励和唤醒，但也可以是"告诉""自学"。用比表示两个数量之间的关系、比的读写法及各部分的名称等，是指向于"结果"的知识，对于这样的内容，学生完全可以通过预习学会。所以，教师在教学新课前，让学生预习，在课上通过提问的形式，检验学生的预习效果，同时将比的另一种书写形式提前到与比的简写一起教，提高了课堂教学效率，激发了学生的学习积极性。

师：刚才说果汁与牛奶杯数的比是 2∶3，那么我们可以怎样理解这个比呢？其实，这里的 2∶3 可以理解成果汁是 2 份，牛奶是 3 份，还可以理解成果汁的杯数相当于牛奶的 $\frac{2}{3}$，牛奶的杯数相当于果汁的 $\frac{3}{2}$。

师：那么，又怎样来理解牛奶与果汁杯数的比是 3∶2 呢？（学生回答）

（出示小练习：盐与水的质量比是 3∶100）

师：从中你能想到什么？（板书：盐的质量是水的 $\frac{3}{100}$）

师：（追问）看到盐的质量是水的 $\frac{3}{100}$，你能马上想到什么？

点　评

两个同类数量的比较，用比的形式表示后，如何真正让学生理解其意义？虽然教材会小结得出这表示两个数相除，但是学生的理解还处于低层次。所以教学时，教师重点从份数和分数两个层面让学生理解，这样学生在遇到实际问题时，会通过联想而灵活解决问题。这可以说是一个亮点。

片段二：联系生活，横向比较，升华理解"比的意义"

师：刚才例子中是果汁杯数与牛奶杯数的比，练习中是盐的质量与水的质量的比，这是日常生活中同类数量比较的例子。其实，在生活中，还有许多不同类数量比较的例子。现在，我们一起来看。（课件展示：走900米长的山路，小军用15分钟，小伟用20分钟。根据要求将式子填入下表。）

路程与时间

	路程（米）	时间（分）	速度（米 / 分）	路程与时间的比
小军	900	15	900÷15	900∶15
小伟	900	20	900÷20	900∶20

师：小军的速度怎样用算式来表示？（根据学生的回答，将算式填入表格中。）

师：怎么知道用 900÷15 的？（引导学生用"路程 ÷ 时间＝速度"来解释）

师：小军和小伟所走路程与时间的比是多少？（根据学生回答，将算式填入表格中。）

师：这里的 900∶15 实际表示的是小军的什么？那么，900∶20 呢？

点 评

本例中，教材仅呈现前四列表格，没有路程与时间的比这一项，同时只要求学生直接填写结果。教师在教授这部分知识时，根据学习需要增加了一列，同时让学生用算式表示小军和小伟的速度。显然，教师对学生的解读和教材的钻研十分到位。

师：现在我们一起来回忆刚才学习的两个例题。例 1 中，两个同类数量之间的倍数关系可以用除法算式来表示，也可以用比来表示（出示相对应的除法算式和比）。例 2 中，两个不同类数量之间，路程与时间的关系，可以用除法算式来表示，也可以用比来表示。谁能说说比可能与什么有关系？（学生可能回答比与除法有关）

师：你们认为比与除法有密切的关系，真不简单！17 世纪的一位数学家与我们的看法一样，大家一起来看下面的一段资料。

（呈现：在 17 世纪，有一位数学家叫莱布尼兹，他认为，两个量的比有除的意思，但又不能占用"÷"。于是，他把除号中的小短线去掉，用"∶"表示。）

师：比与除法有着密切的关系。那么，什么是比呢？（板书：两个数的比表示两个数相除；接着，请学生一起来读一读。）什么是比值呢？（板书：用比的前项除以后项所得到的商叫作比值；接着，请学生将这一句话连起来读一读。）

师：现在，我们一起来看下面的几个比，怎样来求它们的比值？（呈现：12∶3；3∶2；2∶3；15∶6，并请学生说说求比值的方法。）

师：谁来说说例 2 中两个比的比值是多少？这两个比值表示的意义是什么？

师：通过学习，我们知道了比的意义，也会求比的比值。你们觉得比和比值有区别吗?

师:比表示两个数相除的一种关系,由前项、比号和后项组成。比值是比的前项除以后项得到的商,是一个数,可以是分数、小数或整数。

点 评

由于教师从一开始就让学生用算式表示两个数量之间的倍数关系,例2教学时又用算式表示速度。通过比较,学生发现比与除法有关就显得水到渠成。同时,教师恰到好处地介绍了数学家莱布尼兹,激发了学生的学习欲望。

师:现在,我们一起来完成下面的一道题:3∶5=( )÷( )=( )/( )。(学生独立完成)

师:通过填空题的练习,你能说出比的前项、后项和比值分别相当于除法算式或分数中的什么吗?(根据学生的回答,同步呈现前五列表格的内容。)

填空练习

名　称	联　系				区　别
比	前项	∶(比号)	后项	比 值	一种关系
除法	被除数	÷(除号)	除数	商	一种运算
分数	分子	——(分数线)	分母	分数值	一个数

师:虽然比与分数、除法有密切的联系,但是它们还是有区别的,谁能说说比与分数、除法有什么区别?(根据学生的回答,教师完成最后一列表格的填写。)

师:比的后项能为0吗?为什么?

生:因为分数的分母不能为0(除数不能为0),所以比的后项也不能为0。

师：非常好！刚才我们说比的后项不可以为0，不过老师有个疑问，在球赛中，我看到过几比0的情况。（呈现：某次足球比赛中，甲队与乙队的比是4∶0，甲队获胜。）谁来解释这是为什么呢？

师：球赛中的比，实际上表示的是两队的得分或进球的多少，不表示两数相除，所以不是我们数学中的比。只有当两数可以用相除关系表示时，才可以用数学中比的形式来表示。

点 评

比与分数和除法的关系，许多教师运用学生小组合作的形式，完成上面表格的填写，但是效果往往不好，主要原因在于学生已经忘记学过的相关知识。在这节课上，教师先让学生完成一组填空题，由此唤起学生对已学知识的回忆。再通过"式"与"表"的对应回顾，学生不但发现了比和分数、除法之间的关系，而且较好地用语言进行了描述。

师：看来今天大家学得非常好，这里还有三个长方形（课件呈现三个长方形），老师想考一下你们的眼力：上面的三个长方形中，有一个是最美的，你们认为是哪一个？

（第一个长10厘米，宽0.8厘米；第二个长8厘米，宽7厘米；第三个长10厘米，宽6.18厘米。接着，请学生分别写出每个长方形宽与长的比，并求出它们的比值。）

师：刚才的三个长方形中，第三个长方形宽与长的比值是0.618，是大家公认的最漂亮的一个。刚才好多同学的眼力真好，也找到了。在数学中，这个比叫黄金比。你们听说过吗？（课件呈现：黄金比的比值约等于0.618。自古希腊以来，一直有人认为把黄金比应用于造型艺术，可以使作品给人以最美的感觉。黄金比在日常生活中有着广泛的应用。）

点　评

　　最后一道练习题别具一格，打通数学与生活的联系。教师对学生进行了一些数学文化方面的渗透，增强了学生的数学鉴赏和审美体验，同时使他们的审美情趣、审美能力得到培养。

总　评

　　本节课设计思路清晰，层次清楚，富有特色。作者充分把握教材的编写意图，又不拘泥于教材，进行科学重组，智慧运作，从而使每个教学环节都为学生提供了科学的学习平台。整个教学过程中，学生思维容量合理，有效思维时间长，突出主体，关注情感，着眼发展，教学充满自主、探索、创造的良好氛围。学生也积极主动地参与其中，不但体会到比的知识运用的广泛性，较好地运用比的知识解释生活中的一些实际问题，不断升华对"比的意义"的理解，而且培养了自己运用数学的自觉性，个性得到张扬。

（江苏省苏州工业园区车坊实验小学　缪建平）

隐形的翅膀：巧妙拓展

——特级教师牛献礼"数字编码"教学片段赏析

第一次听牛献礼老师的课，是在北国冰城哈尔滨的一次培训会上。时值隆冬，雪花纷飞，但在牛老师极具亲和力的课堂上，我感到冷静的数学思考也可以给学生带来暖暖的学习幸福感，并为此感到震撼。后来，在不断的学习中，我逐渐感悟到，在牛老师的课堂上，学生总会深入思考，师生互动也精彩纷呈。这绝不仅仅来自学生个性思维的张扬，很大程度上也源于牛老师科学理念下的有效设计、恰当的引导与精彩的点拨。既尊重学生的主体地位，也绝不丢弃教师引领的权杖，好似一对"隐形的翅膀"，使课堂总能在精彩的生成中凸显数学课堂的教学本质。

教学五年级上册"数字编码"一课时，牛老师站在学生的立场，合理改变教材例题的顺序，以一首数字诗引入，拓展学生对数字的认识，体会编码可以用来传递信息；再通过设计学号的探究活动，感受编码规则及传达的信息；接着，巧妙地引领学生体验身份证号码的信息与结构，体会编码的思想。一起赏析有关身份证号码的教学片段：

师：（出示3个身份证号码）淘气收集了自己和爸爸、妈妈的身份证号码，你能猜出哪一个是淘气的身份证号码吗？

（出示：330***20010312****；330***19750121****；330***19740928****）

生：我一看就知道是第1个号码，因为第7位到第14位表示的是他的出生年月日，他出生在2001年3月12日。

师：大家能说出其他两个人的出生日期吗？

生：第二个人是 1975 年 1 月 21 日出生，第三个人是 1974 年 9 月 28 日出生。

师：你能分辨出另两个身份证号码，哪个是爸爸的，哪个是妈妈的吗？

生：第二个是爸爸的，因为它倒数第二个数字是"3"，是奇数；第三个是妈妈的，倒数第二个数字是 6，是偶数。

生：我还发现，妈妈比爸爸大 1 岁。

师：淘气身份证号码的最后一位是什么？校验码是按照公式计算出来的，只可能是 0—10 中的一个数字。如果算出的结果是 10，这是一个两位数，为了保证身份证号码的总数是 18 位，就用罗马数字"X"代表 10，因此有的身份证号码的最后一位是"X"。

生：哦，我明白了，这个"X"不是 x，而是罗马数字"10"的意思。

师：对，这就是编码的规范性，要保证所有的身份证号码都是 18 位。我觉得身份证号码太长了，能不能更简洁一点儿呢？

生：不行，我们国家人口太多了，有接近 14 亿人呢。

师：现在 18 位的身份证号码，是能够想到的最简单的办法了。过去的身份证号码中的年份使用两位数，没有校验码，所以都是 15 位，后来变成了 18 位，知道是为什么吗？教师来介绍"千年虫"问题。（略）

师：是不是挺可怕的？除了刚才谈到的大事，还会涉及一些小事。1999 年在美国就发生了一件好笑的事：堪萨斯州一位 105 岁（1894 年出生）的老太太，突然收到户籍机构发出的幼儿园入学通知单……（众生大笑）

点 评

在教学过程中，牛老师没有直接告诉学生怎样区分三个身份证号码，但一直在有效地追问，在学生的认知生长点上质疑，引领学生理解身份证编码的结构信息。在极富挑战性的问题驱动下，学生主动地尝试着、思考着，认识水平得以不断发展。他成功地借助已有知识经验，去"再发现"，从而使学习活动成为一个主动、富有个性的过程。同时，抽象出编码模型后，在进一步解释与应用的过程中深化对编码模型的理解，进行了有效迁移。自然幽默是牛老师课堂上一段必奏的插曲，新奇的数学史料和信息也是不可或缺的和谐音符。牛老师精心准备这些史料，目的是开阔学生视野，让他们感受数学与生活的密切联系，体会数学的力量，深化理解本节课内容。可见，学生对新知的理解不是浮于表面，而是在体验中沦肌浃髓。

牛老师的课堂处处体现对学生思维有序性和全面性的培养。他的课堂价值就在于用心驾驭教师与学生这对"隐形的翅膀"，让学生的思维和心灵自由飞翔，追求数学求真、求简、求美的魅力。

（黑龙江省齐齐哈尔市铁锋区人民小学　张宇）

学习中提升，实践中历练

——特级教师席争光"圆柱、圆锥的复习课"教学片段赏析

2013年阳春三月，通州区小学数学名师工作室一行10人参加了浙江名师暨全国名师课堂教学展示及教学研讨活动。这些名师的课鲜活，富有生命力、感召力，像磁铁一样把每一个学生的心紧紧地吸在一起。这些课充满生生互动、师生互动，充满心与心的沟通，真正让课堂成为学生展示的舞台，让我百听不厌、受益匪浅。

这次课堂教学展示活动中，给我印象最深的是由全国特级教师席争光主讲的"圆柱、圆锥的复习课"。席老师的这节复习课让我耳目一新，深刻认识到如何才能让复习课上得更加高效。

师：这是什么？

生：木桩。

师：可以获取哪些数学信息？

生：这个木桩的底面直径是20厘米，高30厘米。

师：请展开想象的翅膀，结合圆柱、圆锥的知识，联系你们的生活实际，提出一些有挑战性且综合性强的问题，并把问题写在纸上。

（学生提出问题）

师：4人一组交流一下你们提出的问题。

师：谁愿意把自己的问题向全班同学展示一下？

生：把木桩削成一个最大的圆锥，圆锥的体积是多少？

生：把木桩切成三个圆柱，表面积会增加多少？

生：把木桩上色，要涂多少平方厘米的油漆？（底面不涂）

生：木桩削成最大的圆锥，应去掉多少立方厘米的木料？

生：一只蚂蚁沿木桩的底面爬一周是多少厘米？

生：至少应加多少立方厘米，木料可以变成正方体？

生：将木料挖成一个最大的水桶，水桶的容积是多少？

师：你们提出的问题都很有数学味道，现在我们逐一分析解答。

点 评

1. 学习中提升。

这个教学片段中，席老师把主动权充分交给学生，让学生根据教师所提供的一个圆柱体木桩的信息，大胆想象并提出一些数学问题，然后进行解答。针对这个圆柱体木桩，学生提出了许多问题。这些问题几乎涉及圆柱体和圆锥体表面积与体积的所有知识点。这样的课，上得鲜活且高效，不仅调动每个学生的学习积极性，而且培养了学生的问题意识，提高了学生发现问题、提出问题、解决问题的能力。而发现问题、提出问题、解决问题，正是新课标所提倡的。纵观数学复习课，教师总是牵着学生走，出大量的习题，让学生解答。这样的课不仅不能调动学生参与的积极性，而且增加了学生的课业负担，显然是低效的。尤其是六年级的复习课，最让教师头疼。教师不爱教，学生不爱学，究其原因：一是有些教师把复习课上成新授知识的重复课，学生觉得索然无味；二是有些教师把复习课上成题海战术课，加重了学生的课业负担；三是有些教师干脆让学生做试卷，在试卷中发现什么问题就解决什么问题。这样的复习课显然缺少系统性和条理性。而席老师的复习课，充分调动学生参与的积极性，把课堂时空变为学生人人参与、个个思考的无限空间。席老师的这节复习课，给了我很大的启迪。

2. 实践中历练。

席老师的这节课设计得非常巧妙，但我认为他对知识整理的方法、数学思想和解决问题的策略强调得不够。《义务教育数学课程标准（2011年版）》指出：我们要培养学生的基础知识、基本技能、基本数学思想方法和基本活动经验。所以，设计"几何图形"的总复习课时，我汲取了席老师教学设计的特点，将他先提出问题再分析解答改为学生边提出问题边分析解答，在此基础上又加入知识整理、数学思想和解决问题策略的渗透，收到很好的教学效果。

我是这样设计的：

（1）回顾、整理立体图形表面积和体积的算法。

这个环节充分利用多媒体课件进行交互，并在整理方法的同时向学生渗透转化的数学思想的重要性。在学生回顾、整理完算法后，让他们比较文字整理与表格整理的优劣，引导学生得出表格整理具有清晰、整洁、便于记忆与比较的特点，并向学生渗透表格整理是整理知识时通常采用的方法。

（2）应用方法解决实际问题。

让学生根据一块圆柱体木桩的信息，结合实际生活进行大胆想象，提出一些有价值的数学问题。然后由学生提出问题、解决问题，教师适时点拨、引导、讲解。解决问题的过程中，不仅培养了学生的空间观念，而且向学生渗透了画图解决问题的策略。

（3）总结提升。

让学生总结本节课的收获和体会。通过总结，进一步向学生渗透整理知识和解决问题的策略。

实践证明，这节课由于把学习的主动权充分交给学生，学生的主体地位得到充分尊重，参与的积极性空前高涨。课堂真正成为学生展示自我的舞台，从而提高了课堂教学的实效性。

（北京市通州区后南仓小学　宋贺忠）

问题在情境中产生

——特级教师吴正宪"平均数"教学片段赏析

提出问题是创新的开始，提出并解决了前所未有的问题就是创新。爱因斯坦说，"提出问题比解决问题更有价值"。问题提出来了，最后总可以找到解决的办法。要培养学生的创新意识和创新能力，就必须培养学生的问题意识，培养学生分析问题、解决问题的能力。

问题是不会凭空出现的，是在一定的情境中产生的。创设良好的问题情境是教师教学的重要组成部分。一个有效的问题情境可以激发学生积极参与的兴趣，激起学生的好奇心和探究欲望。随着情境的发展，学生自然地发现问题，经过反复的探究、讨论、思考，最终找到解决问题的办法。

下面是特级教师吴正宪"平均数"一课中设置的问题情境。

师：你们喜欢什么球类运动？

生：我喜欢足球。

生：篮球。

生：乒乓球。

师：由于受场地限制，我们只能在这里进行一次拍球比赛，你们看怎么样？

生：好！

师：那我们以这里为界，一分为二，这边算一队，那边算一队。第一件事，你们先给自己的队起一个喜欢的名字，然后派一个代表把名字写在黑板上。第二件事，咱们得商量一下，这么多小朋友参加拍球比赛，得怎么个比法，你们得出点招儿。听懂了吗？

（学生七嘴八舌商量开了。1 分钟后，一个同学在黑板上写上"胜利队"，另一队也写好了："吴正队"。）

师：这是什么意思？

生：因为您的课讲得特别好，所以我们用您的名字，一定能赢他们。

师：行行行。队名产生了，那咱们怎么比呢？

生：选出每个队最厉害的一位同学参加比赛。

师：那你们选吧，再挑一个裁判，每队再请一个同学记录。

（"预备——开始！"20 秒后，吴老师喊"停"，然后统计，"吴正队：30，胜利队：29"。"下面我宣布，本次比赛胜利者为'吴正队'。"吴老师又转身问"胜利队"："你们服不服气？"）

"胜利队"：不服气！

师：为什么？

生：就一个人能代表我们吗？每队应该再选几个人参加比赛。

师：你的意思是一个人不能代表全队，应该再多选几个人？好，我建议每个队再选 3 人，好吗？

（每队选出 3 人，继续比赛。边比边把每人拍球的数量写在黑板上。）

师：下面用最快的速度算出"胜利队""吴正队"的拍球总数各是多少，并报数。

生：118，124。

师：现在胜利者是"吴正队"，可以吗？

生：不可以！

师：别急，虽然现在咱们暂时落后，但吴老师决定加入"胜利队"，欢迎吗？

"胜利队"：欢迎！

师：现在把吴老师拍的 22 个加进来。算一算，多少个？

生：140 个。

师：下面我宣布，今天的胜利者是"胜利队"。

生：不同意！

师：为什么不同意？

生："胜利队"有5次拍球的机会，而我们队只有4次，不公平。

师：哦，在人数不等的情况下，我们还用总数这个统计量来比较，显然不公平。那么，在人数不等的情况下，我们能不能比出两个队总体的拍球水平呢？

（学生开始积极思考，相互交流。）

生：在人数不等的情况下，可以先求出平均数。

师：怎样求平均数啊？

生：就是用拍球总数除以拍球人数。

点　评

在本课中，吴老师根据教学内容为学生创设了"拍球比赛"的情境。"球赛"是一种学生喜闻乐见的活动，一开始就激起学生的参与热情。在情境发展中，教师利用学生的好胜心设置了"问题陷阱"，让学生在情境发展中发现"胜利者"裁决中存在的"问题"。随着教师的巧妙引导，学生积极思考，最终找到解决问题的方案。整个过程从学生的兴趣出发，没有一丝造作，不留教学痕迹，让学生一直处于积极地参与、思考、探究之中，兴趣盎然地完成学习任务。知道的是一节数学课，不知道的还以为是一节体育游戏课，而学生正是在饶有兴致的游戏中养成发现问题的习惯，增强了解决问题的能力。苏霍姆林斯基说过："把教育意图隐蔽起来，是教育艺术十分重要的因素之一。"吴老师的这节课真可谓"润物细无声"，真正做到教育的无痕之美。

从吴老师的课中，我们可以得到如下启示：

首先，一个好的问题情境的创设，要从学生的兴趣出发，学生才会热情高涨，参与主动，思维活跃，才可能发现问题，解决问题。否则，即使生拉硬拽，强行拖入，学生也因为不感兴趣，没有热情，而难以从中发现问题。

其次，创设的问题情境一定要既有生活气息又便于课堂操作。有生活气息，不是将生活场景原原本本地搬进课堂。教材里有购物，就把超市搬进课堂；教材里有球赛，就把教室改为球场……这样做，一是难以操作，二是因为情境的复杂可能会迷失教学方向，达不到教学的目的。因此，教师将生活情境引入课堂时要进行改造，让其服从课堂教学的需要，成为教学内容。吴老师的"拍球比赛"就是改造了的生活场景，既不失球赛的"汁味"，又便于操作。所以，问题情境既要来源于生活，又要简于生活，是一种课堂化的生活情境。

最后，创设的问题情境要有利于学生发现问题、解决问题，不能为热闹而热闹，舍本逐末，偏离教学的方向。这就要求教师既要把握好问题情境的发展脉络，预先设计好"问题陷阱"，又要在情境发展中发挥主导作用，巧妙地引领学生走向问题，真的自己"发现问题"，从而激起他们强烈的探究欲望。就像吴老师的"拍球比赛"，随着情境的发展，教师不动声色地引领学生向问题的纵深进入，不断地向教学的最终目标靠近。在整个过程中，教师的引领、推动，不露一丝痕迹，水到渠成。

西方哲学家苏格拉底说，他对学生的作用"是做一个精神的助产士，帮助别人生产出他们自己的思想"。教师的作用就是引领学生"生产出他们自己的问题"，因此，要在教学中创设良好的问题情境，让学生在情境中发现问题，探究创新。这才是我们教育教学的本来意义。

（山东省东平县接山镇第一中学　董华英）

引人入胜，辉映全堂

——特级教师牛献礼"用字母表示数"导入教学艺术赏析

导入是一堂课的开始。好的导入能引起学生的认识冲突，激发学生的学习兴趣，唤醒求知欲，引人入胜，辉映全堂。一堂课的导入是教师对教学过程通盘考虑、周密安排的集中体现，熔铸了教师运筹帷幄、高瞻远瞩的智慧，闪烁着教学风格的光华，是展示教师教学艺术的"窗口"。

俗话说："万事开头难""好的开始是成功的一半"。在课的起始阶段，迅速集中学生的注意力，把他们带进特定的学习情境中，对一堂课教学的成功起着至关重要的作用。好的导入可有效地开启学生思维的闸门，激发联想，激励探究，为一堂课的成功打下基石。牛献礼老师的"用字母表示数"一课的导入，给我留下深刻的印象。一起来看一看。

师：大家喜欢魔术吗？今天我们来玩个魔术，好不好？（好）大家看，这里有一个神奇的数学魔盒（多媒体显示金光闪闪的一个魔盒）。这个魔盒神奇在哪儿呢？你随便说一个数，我把它输进去，经过魔盒的加工，出来的就会是一个新的数。想不想试一试？

生：想。

（学生报数，教师随机输入，经过魔盒加工后，果然变成一个新的数。学生争先恐后，跃跃欲试。）

师板书：　　　　进去的数　　　　出来的数

　　　　　　　　　　2　　　　　　　　　12

18	28
38	48

（输入 38 时，有学生已经猜出输出的数应该是 48。）

师：好像已经有人发现了魔盒的秘密，你怎么知道输出的数是 48 呢？

生：输出的数和输入的数差 10。

（师点击鼠标，输出的数果然是 48。）

师：刚才我们输入的都是整数，输入小数行不行？我们来试一试。

0.8	10.8
4.5	14.5

师：这么多同学都想试试，如果我们一直这样写下去，写得完吗？

生：写不完。

师：对，我们学过那么多数呢，确实写不完。那大家能不能想个办法把复杂的问题变得简单？把输进去的数用一个比较简单的方式写出来，能把所有同学想说的数都包含进去，然后再把与它对应的数也写出来。

（学生独立思考，尝试写出。师巡视时，挑选有代表性的作品展示。）

点 评

牛老师抓住小学生的好奇心理，运用多媒体创设魔盒悬念导入新课，营造了生动活泼的课堂气氛，使学生的学习状态由被动变为主动。当老师将几位同学的想法写下后，便问："那大家能不能想个办法把复杂的问题变得简单？把输进去的数用一个比较简单的方式写出来，能把所有同学想说的数都包含进去，然后再把与它对应的数也写出来。"此时教师已成功地为学生创设了与原有认知的冲突，并急需一种新认知的心理需要，促使学生在强烈的求知欲望中探求知识。在此基础上，再放手让学生独立思考、合作讨论、共同探究，真切地经历从"具体事物（生活经验层面）—个性化地用符号表示（个性化表达）—学会数学地表示（数学层面）"这一逐步符号化、数学化的过程，体验用字母表示数的概括性，经历建立数学模型的过程。

　　苏霍姆林斯基说过，在人的内心深处都有一种根深蒂固的需要。这就是希望自己是一个发现者、研究者、探索者，在儿童精神世界中，这种需要特别强烈。因此，数学教学要努力创建有利于学生主动探索的数学教学环境，关注学生的自主探索和合作学习，使学生在获取作为一个现代公民所必需的数学知识和技能的同时，在情感、态度和价值等方面得到充分发展，获得积极的情感体验，进而创造性地解决问题。牛老师的精彩导入，巧设悬念，以疑激学，不仅有效地开启了学生的思维，让学生在轻松愉悦的氛围中学到知识，而且先声夺人，收到事半功倍的奇效，值得我们借鉴和学习。

（浙江省杭州市下城区安吉路实验学校　王颖影）

耳目一新的"相遇问题"

——特级教师吴正宪"相遇问题"精彩片段赏析

北京市吴正宪小学数学教师工作室的活动安排在通州区二中分校举行。活动当天，教师们听了吴正宪老师执教的四年级"相遇问题"一课。这节解决实际问题的课，给我留下非常深刻的印象，让我眼前一亮、耳目一新。吴正宪老师的课堂，如一条自然流淌的小溪，清晰、流畅，让学生在游戏中不知不觉地突破知识难点，掌握新知识，更使我身临其境地领略了专家的风采。虽然讲的是解决实际问题的内容，但吴老师并没有花太多的时间分析数量关系，而是为学生搭建了一个自主学习的平台，让他们在熟悉的数量关系中研究新知识——相遇问题。

片段一：在学生的表演过程中理解概念

（上课伊始，吴老师请一个学生上台来"溜达溜达"。）

师：同学们，你们想给他提点什么问题吗？

生：你在干什么？

师：一般情况下，你们1分钟走多少米？

生：100米。

师：这个100米叫什么？

生：速度。

师：那么，你能提出什么问题？

生：10分钟走多少米？

生：1000 米。

师：这个 1000 米叫什么？

生：路程。

师：你是怎么求出路程的？

生：时间 × 速度 = 路程。

师：这么"溜达溜达"，就得出一个很重要的关系式。今天我们就在时间、速度、路程这三量关系的基础上学习新的知识。

点　评

在这个轻松、愉快的表演情境中，学生很自然地复习了行程问题的数量关系，不知不觉中，为学习相遇问题作好了知识、情感和心理上的准备。

片段二：在表演中突破难点

（在教学新知识的环节，吴老师出示"同时""相对""相遇""相距"等几个比较抽象、学生难以理解而又和所学内容密切相关的数学用语。）

师：读出这几个词语，然后用动作来表示这几个词语。

生："同时"就是要一起出发。

师：要不要同时停止？

生：要。

师：什么叫"相距"？

（两个学生开始在讲台前面表演）

师：再远一些，可以吗？

生：可以。

师：远得看不见，可以吗？

生：只要没有挨在一起就可以。

师：只要他们之间有一段距离就可以。

（接着，两个学生表演"相遇"，同时出发，走着走着俩人相遇后拥抱。）

师：充满感情，好朋友相遇了。这就叫"相遇"。你们暂时叫张三、李四，好吗？请分别到两边去。

（两个学生在讲台两边站好后，吴老师开始描述情境，两个学生开始表演。）

师：张三、李四同时从讲台两边面对面走来，8点出发，8点5分相遇。张三走了几分钟？李四走了几分钟？

生：5分钟。

师：他们一共走了几分钟？为什么？

生：5分钟。因为他们是同时走的，共用了5分钟。

师：同学们，我们在时间、路程、速度这些知识的基础上，又了解了"同时""相对""相遇""相距"……

点 评

为了让学生充分理解"同时""相对""相遇""相距"几个词的意思，吴老师请四个学生上台表演这四个词的意思，同时让学生自己做动作，说想法。这既使学生形象、直观地理解了知识，降低了教学难度，又增加了学习数学知识的趣味性，体现了数学知识源于生活、用于生活的独特魅力。

总 评

对于需要解决的例题问题，吴老师并不是直接出示，而是请几个学生表演生成。在这些轻松的表演中，学生更好地理解了这些关键词的切实含义，为本课学习打好基础。本节课让我印象深刻的有以下几点。

1. 整节课把学习的主动权交给学生，让学生根据指定内容提问、解答，互动良好，气氛热烈。

2. 教师很善于挖掘课程资源，为学生提供现实的、有趣的、有意义的、富有挑战性的学习内容。一节课的开始就像整台戏的序幕，也仿佛是一首优美乐章的序曲。新课伊始，教学情境创设得好，就会引人入胜，燃起学生的求知欲望，收到先声夺人、出奇制胜的效果。

3. 教师很会调动学生学习的积极性，为学生提供充分开展数学活动的机会，帮助他们在自主探究和合作交流的过程中真正理解与掌握基本的数学知识与技能、数学思想和方法，从而获得广泛的数学活动经验。

4. 善于创设愉悦和谐的课堂气氛。教师能适时热情地鼓励学生，帮助学生建立自信，才能成为学生真诚的合作者。整节课上，愉悦和谐的学习氛围，使学生个个如沐春风，如饮甘泉，人人轻松愉快，个个心驰神往，实现认知与情感的统一，使课堂教学达到事半功倍的效果。

整个课堂上，有疑问，有猜想，有惊讶，有笑声，有争议，有沉思，有联想……师生情感的交流，为师生互动注入了活力。有矛盾的困扰，有无言的沉默，有巧妙的比喻，有机智的幽默，有解决问题的欢呼和掌声，这些使课堂充满欢声笑语，显得异常轻松而又紧凑。

我深深体会到，学生学习需要亲身体验，才能获得切实的感受。感受越深，对数学知识的理解才能越深刻。

（北京市通州区中山街小学高级教师　聂凤霞）

让学生的思维在课堂上自由行走

——特级教师吴金根"分数的意义"教学片段赏析

"分数的意义"是苏教版小学数学五年级下册的内容，是在三年级两次认识分数的基础上进行的教学。学习分数的意义是探索分数的基本性质，也是学习分数四则计算以及运用分数知识解决实际问题的重要基础。特级教师吴金根在执教本课时，把握住学生已有的知识经验和活动经验，找准了学习起点，关注了"分数"的来龙去脉，创设有效情境，让课堂"开放"，给学生充分的思辨和探索时空，让学生的思维在课堂上自由行走，从而达到教学优效的目的。

一、找准起点，让新知自发生长

认知心理学研究表明，一切新的学习都是在原有的基础上产生的。新的知识总是通过与学生原有认知结构中相关知识相互联系、相互作用后获得意义。因此，必要的复习和铺垫是学习新知识的有效路径。

从整数的学习到分数的学习，对于小学生来说，是认识上的一个飞跃，是对他们已有知识经验和活动经验的挑战。就分数这个概念来说，学生已经初步知晓了分数，基本掌握了把一个物体、一个整体平均分以后，其中的一份可以用分数几分之一来表示。吴老师深谙此理。为此，新课导入时，他简单提问："过去初步认识了分数，你能举个例子吗？"学生随即说出$\frac{5}{6}$、$\frac{1}{2}$、$\frac{2}{8}$等分数。对于$\frac{5}{6}$，学生显然还没有学过，所以，吴老师评价道："这个分数学过吗？你已经认识它了，很好。"接着，课件出示学生已经学过的 0、1、2、3、4 等自然数、0.1、0.5、1.8、3.4 等小数，$\frac{1}{2}$、$\frac{1}{3}$、$\frac{2}{3}$、$\frac{1}{4}$、$\frac{4}{5}$ 等分数。可以看到，"数"概念像一棵知识树，自然数、小数、分数等都从它的根系生长出来，知识之间的相互关系一下子清晰地呈现在学生面前。

紧接着，吴老师出示分数 $\frac{1}{2}$，让学生说说对它的认识。一位学生说："把一个物体分成 2 份，其中的一份是 $\frac{1}{2}$。"另一个学生补充道："把一个物体平均分成 2 份，其中的一份是 $\frac{1}{2}$。"吴老师强调说，分数首先要分，而且是平均分。随即，他拿起一个圆片，随意撕成 2 份，让学生判断每一份是不是这张纸的二分之一。简单的操作，凸显了"平均分"这个核心概念。

同样，对于"分数单位"的教学，吴老师关注知识的自然生长。自然数 9 可以看作 9 个 1，0.9 可以看作 9 个 0.1，那么，分数有没有分数单位呢？教师的启发、诱导，自然引发学生的自我追问。于是，在得出分数的意义后，教师引领学生去发现：表示其中一份的数叫分数单位。原来分数也有"分数单位"。通过观察，每个分数的分数单位各不相同。教师恰到好处地板书，帮助学生实现知识的正迁移，自然生成"分数单位"。这样的一一对应思想也会根植于学生的心中。

不难发现，吴老师引导学生对几分之一的回顾与梳理，对"平均分"的关注，从自然数的数位、小数的计数单位巧妙引入"分数单位"，依据学生头脑中对这些概念"已有的"和"没有的"知识，从简单的复习提问开始，把握起点，朝向学生"需有的""能有的"目标出发，让新知与旧知自然对接，自发生长。

二、借助支点，让思维自由行走

从教育心理学的角度看，数学概念是逻辑思维的"细胞"。小学生对于概念的形成是一个从简单到复杂、从低到高的循序渐进的过程，是一个由外部形象到内部图式的建构过程。吴老师依据小学生学习数学的规律，借助形象直观的操作，围绕单位"1""平均分""1份""几份"等核心内容，创设有效的问题情境，提供丰富的探究材料，改变知识的呈现方式，"开放"课堂，让学生的思维在课堂上自由行走，去伪存真，从直观走向抽象，最后提炼出概念的本质属性。

比如，对于单位"1"的处理，体现了教者的独具匠心。吴老师先板书1，提问："认识吗？1可以表示什么？"当学生说可以表示1个物体、1个数的因数、1个整体、1个人等之后，吴老师及时追问："1还可以表示什么呢？"看似不经意的一个问题，引发学生的学习自觉。

接着，课件出示1个苹果（学生已知的1），再出示6个苹果（未知的"1"），吴老师问学生："6个苹果能看作1吗？"学生说："6个苹果可以看作1排，如果装在一个盒子（箱子）里，就是1盒（1箱）。"吴老师又出示了有很多苹果的图，问道："现在还能用1表示吗？"学生说："可以看作1堆苹果，如果装在一个筐里，就是1筐苹果……"通过三张苹果图的观察与比较，学生发现，1不仅可以表示1个苹果、1盒苹果（几个），还可以表示1堆苹果（许多苹果组成的一个整体）。可见，教师提供的有价值的研究素材，帮助学生深层次认识了1，发展了1，让已知的1与未知的1产生碰撞，1的意义也得到了丰富和拓展。在此基础上，师生共同揭示单位"1"的概念，水到渠成，有效地激发学生的情智。

同样，为了帮助学生深入理解分数的实际意义，吴老师通过放大四分之一的教学流程，优化学生的探索与发现活动。课件依次呈现下图：让学生依次拿出1个苹果的$\frac{1}{4}$、4个苹果的$\frac{1}{4}$、8个苹果的$\frac{1}{4}$。借助直观演示、操作，在学生思考问题时，教师不断追问：平均分为几份？拿走几个？拿走四分之一，还剩下几分之几？这里明明都是四分之一，为什么拿走苹果的个数不同？在师生、生生的不断对话中，学生经历探索、发现和比较、归纳与总结的学习过程，在变与不变的思辨中，促进数学思考，进一步构建起"四分之一"的实际概念，提升对单位"1"的四分之一的真正理解，完整地建构起

"分数的意义"。

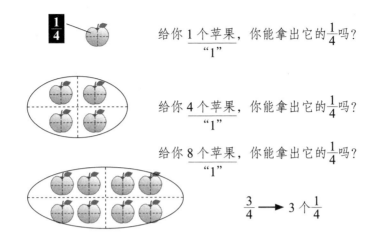

给你 $\underline{1 个苹果}$，你能拿出它的 $\frac{1}{4}$ 吗？
　　　"1"

给你 $\underline{4 个苹果}$，你能拿出它的 $\frac{1}{4}$ 吗？
　　　"1"

给你 $\underline{8 个苹果}$，你能拿出它的 $\frac{1}{4}$ 吗？
　　　"1"

$\frac{3}{4}$ → 3 个 $\frac{1}{4}$

值得指出的是，如何采用合理的课堂组织形式，既让学生个体对"分数意义"的数学经验为自身的知识生长服务，体现出学习的个性，同时又让更多的学生在师生多维互动中实现学习资源的共享、共融、共生，从而实现群体的共同发展？从上面的教学片段可以看到，吴老师采用多种方法启发、诱导、唤醒，学生自然表现出思考、质疑和共鸣的姿态。于是，两相呼应，彼此生成，学生对分数意义的理解逐渐走向深入。

三、铺设亮点，让思想自然浸润

《义务教育数学课程标准（2011 年版）》明确提出"新四基"的数学课程目标，让学生获得数学的基本思想是着力凸显的亮点之一。孙晓天教授提出，学生在探索、挖掘和发现的学习过程中产生的思维活动，就是数学基本思想的再现。本课中，吴老师围绕分数的意义，在练习设计方面，精心铺设亮点，让数学思想根植学生的数学学习过程，让他们的思维、思想像竹子一样不断绵长、延伸。

1. 抓住比较，凸显概念本质。吴老师通过让学生反复比较，凸显"分数的意义"的本质属性。如下图：同样是涂色表示出单位"1"的三分之二，为什么涂色的桃子个数不同呢？教师主问题的设计：分别把单位"1"平均分成几份，涂其中的几份，以此促进学生思考。通过比较，同中求异，异中求同，让学生进一步体会单位"1""三分之二"所表示的实际含义，及时沟通"部分与整体""份数与分数"等相互之间的关系，凸显出分数的本质。当学生顺理成章地用三分之二来表示时，把单位"1"平均分的份数与取的份数，自然就对应起来了。

在每个图里涂色表示 $\frac{2}{3}$。

分别把单位"1"平均分成几份？涂其中的几份？
　　　　　　3　　　　　　　　　　2

2. 变换方式，挖掘思想价值。吴老师十分关注练习题的呈现方式，通过优化思维活动来凸显数学基本思想的价值。如教材原题：一节课的时间是（三分之二）小时，要求说出它所表示的实际意义。吴老师处理本题时，分了两步，先呈现：一节课（　）（提示：时间）。学生凭借生活经验，都知道是 40 分钟。教师再出示后半个问题：占 1 小时的几分之几？第一个学生说，是六十分之四十。第二个学生说，应该是三分之二，教师没有急于表达自己的观点，而是把问题抛给学生。在部分学生犹豫不决时，一学生又站起来回答说：应该是六分之四。面对三个答案，教师还是没有给出自己的观点，而是让学生陈述自己的理由：把什么看作单位"1"？平均分成了几份？一节课的时间占了其中的几份？通过数形结合，观察比较，帮助学生理解一节课占 1 小时的几分之几。三个分数的相等关系自然蕴藏其中，数学课也因学生对数与形之间的关系体验的丰厚而显得内涵丰富。

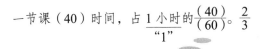

一节课（40）时间，占 1 小时的 $\dfrac{(40)}{(60)}$。$\dfrac{2}{3}$

"1"

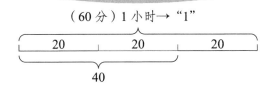

这里把什么看作单位"1"？平均分成几份？
一节课的时间占了其中的几份？

（60分）1 小时 → "1"

| 20 | 20 | 20 |

40

3.丰富素材，体现"数学化"。吴老师倡导的"优效教育"，提出"数学教育是一种文化的教育，是一种知识的教育，是一种思维的教育，是一种思想的教育，是一种情感的教育，是一种智慧的教育"的主张。因此，就练习题的素材而言，他除了利用文本素材外，还精心挖掘学生身边的资源以及一些史地知识，拓展学生的思维视野，提升学生的人文视野。例如：要求学生联系本班实际说出"三好学生"占全班学生的几分之几。又如：地球表面大约有（百分之七十一）被海洋覆盖，冰山露在海面上的部分占整个冰山的（十分之一）等。教师通过呈现不同的材料或情境，在想一想、猜一猜、说一说、辩一辩的思维活动中，供学生归纳，引导他们规范地说出某一个具体的分数的实际意义。课堂的思辨过程被充分地展开，"分数的意义"被进一步地"数学化"。

基于上面的思考，我们发现，学生获得的感性认识不断提升，从生活经验、直观经验慢慢上升为数学活动经验。对此，我们不仅看到一位智慧型教师对教材解读的深厚功力，对学情把握的独到能力，而且看到在核心概念的引领下学生思维的动态发展轨迹，数学思想正悄然润泽着他们的心灵。

（江苏省张家港市教育局教学研究室　陈惠芳）

第二篇　主题创新

课前课后，学生的兴趣这样被激活

——一节提升"计算能力和应用能力"的活动课反思

新课程标准明确指出，数学是日常生活和进一步学习必不可少的基础工具。工具的价值在于应用，在应用中体验数学存在于现实生活中。在学习了小数乘法、单价、总价、数量之后，我安排了一节计算电费的活动课，旨在提高学生的计算能力和应用能力。

▍课例回放▍

与往常一样，放学之前，我给学生布置了一些任务：回家找一张电费发票，看一看你家一个月用了多少度电，花了多少钱，问一问爸爸妈妈，这些电都用来干什么，并把发票带来。在布置作业的时候，我没重点强调发票的用途。

第二天，我让学生把带来的发票放在课桌边上，结果让我很失望，有25人没有带，不是说家里找不到，就是说忘记拿。其实，根本没把昨天的任务放在心上。

在当天的兴趣课上，我拿出我家里的一张电费发票（用电量最多的一张），传下去让学生一一看了一遍后，把票据放在实物投影仪上，票据显示用电量为208千瓦时（度），电费金额115.54元。接着，我又出示了居民生活用电价格调整标准：用电量低于50千瓦时（含50千瓦时），每千瓦时0.53元；用电量在51~200千瓦时，每千瓦时上调0.03元；用电量超过200千瓦时，每千瓦时上调 0.10 元。然后，我把问题抛向学生："这是魏老师家一个月的电费清单，根据上面的收费标准，你能帮我算算，我是否该付 115.54 元？有没有算错？"问题一出，学生们开始积极行动，有皱着眉头独立思考的，有两三个一伙相互讨论的，有争得面红耳赤的……看到这个场面，我心里乐开了花。

几分钟后，有学生陆续举手。"我是这么算的，$0.53×50=26.5$（元），$(0.53+0.03)×(200-50)=84$（元），$(0.53+0.10)×(208-200)=5.04$（元），$26.5+84+5.04=115.54$（元）。魏老师家应付 115.54 元，票据上也是 115.54 元，没算错。"学生频频点头表示赞同。"我还有不同算法，"班里平时不太爱举手的小姜说道，"我先算基本部分，$0.53×208=110.24$（元），再算 50～200 千瓦时的调价部分，$0.03×(200-50)=4.5$（元），接着算 200 千瓦时以上部分，$0.10×(208-200)=0.8$（元），最后 $110.24+4.5+0.8=115.54$（元）。"小姜刚说完，教室里爆发出热烈的掌声。"魏老师家的电费怎么这么多？""现在不是正缺电吗？"面对学生的提问，我故做无奈状，顺水推舟："回去以后，计算一下你家一个月用了多少电。老师也不清楚家里为什么会用了这么多的电，你能帮我想想办法吗？"

第二天清晨，看到学生交上来的作业，我惊讶极了，惊讶于学生是那么认真，作业是那么精彩。有些学生还写了字条交到我的办公室。

学生小陈：今天，老师让我们计算家里的电费，没想到短短一节课，我也把这么难算的题目学会了。我不比别人差，我要好好学习，把落下的功课赶上来。我又请教了我的叔叔，叔叔说："电视机、饮水机等电器不用的时候，最好把插头拔下来，这样就不会浪费电了。"我已经把家里的电视机插头拔了，并告诉了妈妈。魏老师，您家的电视机插头拔了吗？

学生小翁：魏老师，我很喜欢上这样的课，您以后可以多给我们学习这方面知识的机会。我查阅了资料，知道了夏季空调温度提高 1℃，冬季降低 1℃，可节约用电量 8% 左右。魏老师，如果您家里用空调，夏天请把温度提高 1℃吧！

1. 数学因生活而生动。小学生一般不会被数学的严谨和逻辑的魅力折服，可他们会因为数学的现实、有趣而喜欢上它。作为小学数学教师，就要尽力从学生的身边、周围生活挖掘可以利用的教学资源，让学生感到数学就在我们的周围，数学是有用的，从而使数学教学充满活力。

2. 数学因交流而精彩。下课铃声响了，并不代表一节课的终止，而是让学生带着问题去调查怎样可以节约用电。我想，这应该算一次数学与常识的课程整合吧。学生回家以后，把调查结果告诉了爸爸妈妈，并把上课的心得与调查结果以数学小日记的形式进行表达与交流，这是学生一种自然情感的流露。让交流充盈我们的数学课堂，源于数学本身的那份魅力和精彩，也就应运而生了。

教后反思

1. 从课前与课后学生两种迥然不同的态度来看，我想，最大的区别是学生对所学内容的兴趣发生了变化。我们知道，在现代生活中，人人都离不开电，这堂课的内容跟学生的生活非常近，学生就会感到亲切，继而产生迫切需要解决问题的冲动。学生在课堂内外表现出前所未有的积极性，尽管不同的学生对同一问题有着不同的理解和解决方案，表现出不同的水平，但总的来说，他们在原有的生活经验和知识基础上都有了不同程度的提高。数学课程标准明确指出：要重视从学生的生活实际经验和已有的知识中学习与理解数学。因此，在数学教学中，要关注数学知识是不是学生熟悉和感兴趣的，是否与现实生活密切相连，以使学生学好数学，用好数学。那么，在平常的数学教学中，有无必要每节课都与实际生活建立联系呢？这个问题值得思考。

2. 开阔学生的视野，丰富学生的课外知识。可以说，实践活动是课本知识的延续，是学生从课堂走向生活、走向社会的途径，通过查资料、访问，增加了许多书本上没有的知识。学生的视野开阔了，知识面丰富了，思考的空间也增大了，数学学习变得生动而现实，充满了生命的活力。当然，这也是对学生进行的一次润物细无声的节约用电教育。

（浙江省慈溪市掌起镇中心小学　魏世远）

策略：在建模和对比中生长

—— 高艳老师"解决问题的策略——倒推"教学赏析

苏教版小学数学从四年级开始系统地安排"解决问题的策略"单元，让学生较为集中地学习"策略"。新课学习前，学生已学习了列表、画图、列举三种解决问题的策略。

本课教学"倒推的策略"（即倒过去想），教材安排了两个例题：例1利用果汁倒过去、倒回来的现实事件，让学生感受"倒推"的含义，了解利用"倒推"解决问题的特点，体会"倒推"是一种解决问题的有效方法，初步体验"倒推"策略；例2根据现在邮票的张数，求原来的邮票张数，继续使用"倒推"策略解决问题，让学生进一步体会"倒推"的意义，感悟倒推的线索步骤，掌握倒推的要领，初步内化成自己的策略。高艳老师在执教本课时，直奔主题，让学生自由提问，抓住倒退策略的本质，帮助学生主动建模，在题组对比和变式练习中，让学生充分经历问题解决和数学建模的过程，深化了数学思想，彰显了"倒推策略"的价值，较好地体现了"以学定教，教学相长"的教学理念。

一、自主建模，唤醒策略意识

《义务教育数学课程标准（2011年版）》将"增强发现和提出问题的能力、分析和解决问题的能力"（即"四能"）作为数学课程总体目标的重要内容。与此相适应，很多数学教师在日常教学和研究中，业已在关注学生主动发现问题、提出问题的意识和能力。例如新课伊始，高老师就直接出示课题，让学生自主提问。学生凭借已有的数学活动经验、问题解决经验，产生了三个主要问题：什么是倒推？怎样倒推？什么情况下用倒推？接着，高老师口头出题，由于变化复杂，学生没有办法直接说出答案，于是，产生用笔记录主要条件的自觉需求。学生尝试记录后，教师选择了两位学生的作品进行展示：

生1：原有 ? 张，又收集了 15 张，送给小华 20 张，又送给小丽 12 张，现在还剩 28 张。

生2：生1的记录有点麻烦（大家建议生1用箭头表示变化情况），我的记录是这样的：? → +15 → −20 → −12 = 28。

在此基础上，教师利用课件呈现学生整理信息的两种方法。

文字记录法：

原有 ? 张→又收集 15 张→送给小华 20 张→送给小丽 12 张→还剩 28 张

符号记录法：

$$\boxed{?} \rightarrow \boxed{+15} \rightarrow \boxed{-20} \rightarrow \boxed{-12} \rightarrow \boxed{28}$$

自然，学生根据这样的信息整理，很快列式：28+12+20−15=45（张）。

根据学生自学探究的结果，教师追问："你是从哪里开始思考的？往哪个方向思考？"学生说："倒过来想的，反算。""那怎么知道对不对呢？"学生认为可以验算。

学生验算后，教师要求他们结合刚才解决问题的经验，进行回顾与整理：怎样进行倒推？师生一起归纳总结倒推法的四个步骤：顺理，倒想，反算，正验。显然，此时的学生对于倒推的策略还是初步体验。为了加深印象，高老师设计了三个填方框的练习，帮助学生主动建模。

数学是模型的科学。不难发现，教者别具匠心地设计了三个练习，层层递进，从简单到复杂再回到简单，从有限到无限，从具体的数字到用符号高度概括，能使学生清晰地认识事情的发展脉络和每次变化的情况，引导学生在具体变化过程中，抓住倒推策略的模型特点，由结果进行倒推。这唤醒了学生的策略意识，帮助学生有效地突破倒推策略的学习难点。

二、对比练习，提升策略价值

所谓"策略"，就是根据事情发展而制定的方针和对策，实质上是一种对问题解决方法的理解、体会和升华。可以这样说，策略是介于方法和思想之间的过渡状态。对小学生来说，数学知识的学习是一个循序渐进、逐步深入的过程。学生头脑中的认知过程永远处于流变的状态。在学生初步了解倒推策略以后，高老师精心设计了题组对比练习，结合学生已有的问题解决经验，深化倒推策略的选择，完善倒推策略的运用，提升策略的运用价值。

例如，高老师先出示了判断题：要求学生观察这 3 个有关果汁的问题是否适合用倒推策略。

（1）原来一杯果汁有 300 毫升，喝掉 100 毫升，又加入 50 毫升，现在有多少毫升？

（2）一杯果汁，喝掉一些又倒入一些，现在还有 250 毫升，原来有多少毫升？

（3）一杯果汁，喝掉 100 毫升，又加入 50 毫升，现在还有 250 毫升，原来有多少毫升？

学生自主判断后，教师追问："你是根据什么进行判断的？为什么不用倒推？为什么要用倒推？"师生交流过程中，共同整理，得到下表。

倒推策略的运用

原来	变化过程	现在	策略选择
已知	已知	？	无须倒推

原来	变化过程	现在	策略选择
?	?	已知	无法倒推
?	已知	已知	可以倒推

由三个果汁问题的具体情境，教师有目的地让学生在相互比较中，在探讨分析中甄别、发现，对"原来""变化过程""现在"三要素有了更深刻的认识。从文字到表格的一一对应中，学生不断累积数学活动经验，对什么情况下使用倒推策略有了自己的判断标准，对无须倒推、无法倒推的两种情况有了透彻的理解。

当然，教者不满足于学生的"已知"，在此基础上出示教材例题1，作为巩固练习。两杯果汁共400毫升，从甲杯倒入乙杯40毫升后，两杯同样多，原来甲、乙两杯各有果汁多少毫升？让学生先来判断：这题适合倒推吗？为什么？在学生肯定地回答可以用倒推策略时，教者适时提醒学生，现在甲杯和乙杯的果汁量看上去是不清楚的，但是可以想到，较好地帮助学生关注题目中的隐藏条件。于是，原来的先解题再认识的策略，在高老师的设计中，变成了先确定策略，然后解题。

学生尝试练习后，再次交流汇报。教师评价时，依据"提出实际问题—解决实际问题—反思解题活动—总结策略选择"的教学线索，紧扣两个大问题：怎样倒推？依据什么进行倒推？引导学生自觉梳理、回顾，逐步帮助学生深化对倒推策略的理解与掌握。可见，教学思路的敞亮带来了问题的迎刃而解，教者对教材的大胆解构和深度建构，帮助学生明晰了对原来甲杯、乙杯果汁量的思考。正是在不断的提问、追问中，在师生之间、生生之间的交往互动中，学生深化了对倒推策略的认识，运用策略解决实际问题的能力也得到提高。

三、关注本质，渗透数学思想

中央民族大学数学系孙晓天教授在《关于数学基本思想的若干认识与思

考》中指出：基本思想本身反映了数学作为"成长载体"的教育价值，以它为目标，有可能使那些可以普遍迁移的，如兴趣、好奇心（洞察力）、质疑能力、探究能力、反思精神、合作精神、创新精神的养成成为现实。学生对数学的学习，并不单纯是知识的习得和反复的技能操练，贯穿始终的还有数学思想方法。高老师执教本课时，抓住倒推策略的本质特点，自觉渗透数学思想方法，关注解决问题的新旧策略之间的联系，从而把解决问题的几种策略进行有效的"链接"和恰到好处的"融合"。

1. "模型"思想。高老师在学生自主探究环节，紧紧抓住"原来、变化过程、现在"三个要素，从学生展示分享的不同信息整理方法中，适时提炼出倒推策略的模型。从具体的问题情境中，抽象得到运用倒推策略解决问题的一般方法，借助"模型"，采用生生碰撞、师生互动的方式让学生体悟出用模型加以整理再倒想反算的妙处，帮助学生较好地理解用倒推策略解决问题的本质，自觉形成问题解决方法，从而实现新知的自我生长。

2. 符号思想。数学家罗素说过："什么是数学，数学就是符号加逻辑。"本节课中，高老师充分运用了符号思想。从新课导入时学生从无序地倾听到有序地整理，从文字记录到符号表达，再到多种信息整理方法的优化比较，学生体会到符号的简洁。再从新课展开、练习环节用符号分析倒推策略的一般思考方法，到变式练习时的解题思路分析，教者逐步引导学生用符号来表示题目中的数量变化过程，从而顺利地解答，实现从方法到策略的有效提升，让学生充分体会到数学的简洁之美、秩序之美、理性之美。

3. 数形结合思想。数学家华罗庚教授说：数形结合无限好，割裂分家万事休。教学教材练一练中指出："小军收集了一些画片，他拿出画片的一半还多1张送给小明，自己还剩25张。小军原来有多少张画片？"高老师在引导学生理解题意的基础上，让学生尝试自主探索，针对学生的理解难点"一半多1张表示什么意思"，除了用符号图表示变化过程外，还采用数形结合的方法，制作了简要而实用的教具，让学生动手拿一拿、看一看，真实感悟画片数量的动态变化过程。

从符号变化图到直观的画片图，从学生画图表示到具体的实物观察，从三幅图的渐次变化，学生清楚地看到，"一半多1张"究竟表示什么意思。数形结合发挥了形象思维和抽象思维的协同作用，让学生充分感受倒推策略在解决问题中的价值与作用，从而促进学生对问题解决方法中需要修正的部分进行自主改造。

基于上面的思考，我认为高老师的数学课创设了有效的问题情境，激活了学生丰富的解决问题的经验，抓住"倒推"策略的本质特点，优化教学流程，通过观察、比较、抽象、推理等，有效建模，灵活渗透数学思想方法，让知识在对比中增值，思维在互动中碰撞，情感在交流中融通，促进学生的数学思考，从而使问题解决策略的学习更有活力和张力，更具生长的力量。

（江苏省张家港市教育局教学研究室　陈惠芳）

数学课也要讲究语言魅力

——如何应用语言艺术提高课堂教学效果例谈

精彩的语言能够抓住每一位听众的心，甚至能够震撼整个世界，教师的语言同样尤为重要。同种知识的概念，从不同的教师口中说出来，就有不同的味道，学生的感受也不尽相同，教学效果也就大不一样。所以，每一位教师都应结合本学科知识的特点，用语言来表述课堂上所要教的内容，做到既准确又生动形象，既诙谐幽默又完整。这样的教学方式，学生才乐意接受，才乐意去学。有的学生课后对我说："听您上课是一种享受，一节课不知不觉就过去了，我不仅理解了学习的内容，而且还学到了其他一些东西，学得轻松、愉快。"这不是因为课堂上我讲的内容精彩，而是语言美丽所产生的特别效果。本文结合数学学科的特点，通过一系列的例子来说明教师应如何应用语言艺术来提高课堂教学效果，意在抛砖引玉。

一、用比喻来加深理解和记忆

例1：在讲授"球冠"这一课时，教师可以这样引入主题："什么是球冠？假如你买到一个相当圆的西瓜，用刀把它一劈，就分成两个部分，任意一个部分就叫球冠。为什么叫球冠呢？这是因为你把瓜肉吃掉了，剩下的瓜壳就可以作为帽子戴在头上，所以称为冠。"这样的开场白，既幽默又生动形象，一下子就把学生吸引住了。

例2：在介绍"子集合"的概念以后，可以这样说："儿子和女儿都是母亲生的，请同学们想一想，一个集合可以生出几个子女来呢？并且，进一步举例说明一个集合的所有子集。"通过"母生子"这一幽默而又贴切的比喻，透彻、准确地解释数学概念中"子集合"的内涵，学生将会对这个概念有更深刻的印象，也会记得更加牢固。

例3：在讲授数学方法——"完全归纳法"的局限性时，即"所研究的事物的特殊情况很多，或者是有无限多种情况时，完全归纳法可能就不适用了"。教师可以这样发挥："这时愚公移山的精神也不适用了，尽管你的子子孙孙也许是无穷尽的，但按照这种方法一代接着一代来解决这个问题，也无法解出来，道理很简单，因为这个问题有无穷尽种特殊情况。所以，对于这样的问题，我们就需要研究其他的解题途径。"在这里，引用"愚公移山"的例子，意在说明连祖祖辈辈都解不出来的问题，我们当然无法解决，充分地揭示"完全归纳法"的内涵，让学生印象深刻。

二、用语言来解释抽象概念

例4：讲解"条件一定，求如何流量最大的问题"时，教师可以这样说："所谓流量最大，就是需要流的洞最大，而洞最大，就是洞的横截面积最大，所以这个问题就归纳为洞的截面积最大的问题。"这里使用了通俗的"洞"字，能让学生把枯燥无味的概念"横截面积""流量"理解得很透彻，起到画龙点睛的作用。

例5：在讲述学生很容易出现认识错误的"异面直线"这一概念时，教师介绍了定义后，可以这样解释："所谓异面直线，就是永远都不可能在同一个平面的两条直线，这里请同学们注意'永远'这个词的意思。"并且用事例（教室内就能找到实际例子）来说明，表面上在两个不同平面内的直线，实际上它们不一定是异面直线，通过使用"永远都不可能"这样的语言，学生就能深刻地把异面直线的内涵给弄清楚了。在学生的作业中，你将会发现此类错误减少了。

例6：课本内容中，学生最难弄懂的要数数集的"离散性、稠密性和连续性"的概念。教学时，教师可以这样阐述："如果把数与直线上的点一一对应起来，那么具有离散性的数集是由点组成的虚直线，每一个点是孤立的；具有稠密性的数集是由'紧挨着'的点组成的很密集（稠密）的虚直线，点之间有空隙；具有连续性的数集是由'紧连着'的点组成的很多的实直线，点之间没有空隙。"通过直线的"虚实""紧挨着""紧连着"等语言，学生对这三个抽象概念的认识会一目了然。

三、用语言来营造课堂氛围

例7：有时天气闷热，个别学生喜欢打瞌睡，教师可看着睡觉的学生说："周公已经去世上千年了，你梦不着他了。"这时，学生会心一笑，不少学生的睡意消失，睡觉的学生也能振作精神。

例8：有的学生在做作业时，经常会犯粗枝大叶的错误，把基本类似的概念混为一谈，造成计算上的错误。教师在纠正这样的错误时，可以多加一句："要看清样子，不要在街上看见扎辫子的人就认为是姑娘，现在许多男孩子也开始留长头发，扎小辫子了。"简单的一句话，让学生在笑声中对此引起高度重视。

例9：在讲述"两点之间直线距离最短"这一数学概念时，教师可以说："一条狗发现不远处有一个骨头，它一定会直直地跑过去吃，这就是说，连狗都知道'两点之间直线最短'。"这样的幽默比喻，使得学生对你所讲述的概念印象深刻。

四、用表述来形成语言风格

教师的语调要抑扬顿挫，声音大小要适度，有亲切感，语速一般要适中。对学生比较熟悉的内容，教师的语速可适当快些；对学生不熟悉的内容，教师的语速不仅要慢些，而且要将这部分内容讲细、讲透。在表述本节课的重难点时，语速要慢，多重复几次，声音慢而粗，并恰当地应用各种肢体语言和神态给学生提示。

总之，语言的表达是一门高级的艺术，教师要有意识地刻苦训练，才能达到理想的境界。作为教师，备课时不仅要备教学内容，还要备教学语言，进行课堂语言设计。这样在课堂上才能争取做到使用具有强大吸引力的语言，时时刻刻抓住学生的注意力，提高课堂教学效率和教学质量。当然，还要注意另外一种倾向，那就是课堂上不要为精彩而精彩，否则会适得其反，变成哗众取宠。另外，教师要做到言之有物，时刻紧扣教学内容和重点，这样才能激发学生学习新知的兴趣，活跃整个课堂气氛，使学生学得轻松、愉快，从根本上提高课堂教学质量。

（江苏省如皋市磨头镇初级中学　包逢祺）

一份简明的导学、导思"活动单"是这样炼成的

——"活动单"中问题设计策略例谈

"活动单导学"模式摒弃了传统教学中亦步亦趋的师生问答,代之以"活动单"中教师精心设计的导学问题来引导学生探究和思考。这些问题的解决是学生获得数学知识、方法和思想的重要途径。因此,"活动单"中问题的设计成为导学成败的关键,亦成为影响教学有效性的关键因素。"活动单"中的问题,不能也不可能是以往课堂中教师提问的堆积。一份简明并具有很强导学、导思功能的"活动单",问题设计必须做到核心化和结构化,具有差异性和开放性,达到主体化和多样化。

一、问题设计的核心化和结构化

"活动单"指向学生的学,学生是活动单的主要"读者"。要实现问题导学的功能,就必须用学生能够理解的词汇,清楚、简明地陈述问题,使引导探究的问题核心化。核心化的问题应当具备以下特征:一是主题化。"活动单"中为每一个子活动所设计的问题,都要围绕该活动的主题循序渐进地展开,学生通过对问题的探索实现活动的目标。二是整合化。每个活动中的问题适量(一般为 3 ~ 5 个),能以关键问题整合过去教师口头提问中的零散问题,使设计的问题产生"以一当十"的效益,提高问题的"含金量"。三是思维化。每个问题都是学生思维的路标,能够充分暴露学生的思维过程(包括曲折的思维轨迹),而不会局限于结果。问题能正确引导学生利用已有图式促进问题解决,并发现已有图式和所解决问题所要求的图式之间的差

异，从而改造已有图式，发展新的图式。要做到上述几点，设计的问题应该被完全结构化，形成连贯性、序列化和关联化的问题链。这既能找准新知的生长点，建立起新旧知识的联系，又在学习的困惑处、疑难处、易错处进行点拨、引领和追问，适时引领学生的思考提炼和升华，促进对知识整体性、系统性的建构，服务于知识和方法的灵活运用。核心问题的结构必须为学生提供回答核心问题的各种必要提示，以利于思维的完整和语言的表达。

例如，在"用'替换'的策略解决问题"一课中，我们设计的活动一为"尝试解决问题，萌发策略模型"，旨在通过自主探究与合作交流，激活学生的认知储备，初步尝试分析新的特征性问题，运用数学思想和方法进行数学思考，生长出"替换"的策略萌芽。针对课本例题："小明将 720 毫升果汁倒入 6 个小杯和 1 个大杯，正好倒满。小杯的容量是大杯的 $\frac{1}{4}$。小杯和大杯的容量各是多少毫升？"我们设计了如下的问题：

1. 这道题与复习题（注：已知总量和份数，求每份数）有什么不同？
2. 大杯和小杯的容量之间是什么关系？
3. 这个关系对解决问题是否有帮助？

……

通过几个具有内在关联的结构化的核心问题设计，将学生的思维聚焦于新的问题情境与以往问题的根本变化上，促使学生分析条件与条件之间的数量关系及未知量和条件之间的数量关系，采用"综合法"和"分析法"，双管齐下，把握解决问题的关键。由于条件多，关系相对复杂，教师为学生提供了实物图，帮助其直观表征，厘清关系，突破所面临的难点。这几个结构化的核心问题不仅是促进学生对这个问题本身的思考，更是立足面临新问题的思维方法的指导。从长远角度看，后者对发展学生的问题解决能力更具价值。

应当注意的是，核心化但不能笼统化，否则会让学生的探究目标不明，使课堂走向低效；结构化但不能模式化，否则会造成学生形成思维定式，不利于探究能力的形成；结构化还不能暗示化，由于学生是整体阅读一个活动中的所有问题后进行思考，后一问题既要与前一问题形成内在联系又不能涉及前一问题的答案，否则前一问题将失去意义。

二、问题设计的差异性和开放性

班级（特别是大班额）授课制面临的最大挑战是如何因材施教，照顾到生生之间的差异。实际操作中，教师提出的问题更多的是以中等水平的学生为参照，以达到面向大多数学生的目的（事实上很难做到面向全体学生）。而"活动单导学"模式以学生的自主学习为基础和前提，这就对"活动单"中的各个子活动的问题设计面向不同层次的学生提出要求，提供了各种可能。"活动单"中的问题理应成为师生、生生之间对话的桥梁。针对同一问题，我们可以有不同的设计（包括提示）以满足不同层次学生的需要，尊重个体独特的生命价值，这样课堂上的真正对话才能产生。我们深信：一旦一个人建构了他自己的理解，他就能与其他人的不同理解方式建立联系。另外，问题设计的开放性可以表现为内容的开放，也可表现为答案的开放，更应表现为策略的开放。我们不能期望通过设计封闭式问题将教师的观念强加给学生且被接纳，而应当通过开放性问题关注学生惯常运用的观念。只有当学生将自己的各种观念从自身视角呈现时，他们才能够很好地将自己的观念建立在彼此的观念基础上，形成新的联系，生成新的为自己的认知图式所接纳的新观念。这种观念的发展可能是缓慢而痛苦的，但又是那样令人高兴而充满游戏色彩。真正的学习就是这样发生和发展的。

在"用'假设'的策略解决问题"一课的活动一"多种尝试，体验策略"中，考虑到学生面对传统意义上的"鸡兔同笼"问题所遇到的困难，我们设计了画图假设（用"○"表示头，用"/"表示腿），提供调整、列表假设调整、假设列式求解等多种假设策略指导下的不同层次的具体方法供学生自主选择，并在不同的方法旁以问话框的形式提出问题："想一想：可以作出不同的假设吗？""调整时，你进行了怎么的推理？怎样调整更快捷？""你能试着解释算式的意思吗？"实施过程中，学生都能够找到适合自己的探究方法。同时，不同层次的方法和问题对学生又是开放的。不少学生还拾级而上，以问题为"脚手架"，向更高层次的思考方法迈进。小组交流中，直接列式的学生能够借助图解释抽象的算法；画图的学生能根据自己的思考体验，直观理解算式解决中的算理；列表假设的学生在理解算式算理的基础上，掌握了"跳跃列举"。学生把自己的观念作为加深其知识方法的力量，这充分体现出问题开放的意义和功能。这些都为活动二"挑战问题，形成策略"中针对数量较大的问题，自觉采用一般性假设策略提供坚实的经验基础。

三、问题设计的主体化和多样化

从根本上讲，"活动单"是学生自主学习与合作交流的学习计划单，所以"活动单"的设计服务于学生的学习，学生应当成为设计的主体，而教师则提供支持和帮助。正如达克沃斯说："只有当某人投入帮助其他人学习时，他对学习的研究才有可能完成。"因此，"活动单"的设计者应当是"教师式学生"和"学生式教师"。"活动单"对学生的自主探究能力提出更高的要求，问题的设计必须让学生既面临挑战，又能获得成就感。达克沃斯认为：如果一个人冒险去尝试一个观念，安全感很关键。如何让学生在课堂上获得安全感，必须让他感觉到始终有个"脚手架"在保护他，在关键步子上给他提供坚实的支持。这就需要从学习主体的视角，以最贴切的问题引领学生展开学习的过程。这也意味着只有让学生以主人翁的身份参与到问题设计中，"用他们自己的观念来了解学科内容"，充当"教"的角色，体现自身"教"的价值，才可能让"活动单"真正成为引领学生向学习目标前进的"导航仪"。教师应当意识到自己并不是学生了解学习内容的最好来源。一旦学生对研究问题感兴趣，问题本身会成为引导他们探究的向导，他们会在个人或集体的反应中建构自己对学习内容的理解。"活动单导学"模式下的教师，不再担当知识的解释者的角色，而应当以帮助者的角色参与问题的设计，推动学习者与学科内容直接接触。如果问题的设计激起学生的兴趣，也就意味着学生进入学习的最佳状态。

"用方向和距离描述物体的位置"是六年级下册"确定位置"单元的内

容。学生预习完后，我选择代表几个不同层次的学生进行了课前调研。在成人看来理所当然的事，儿童却充满问号。"为什么二年级认识方向时说'东北''西北''东南''西南'，现在要说成'北偏东''北偏西''南偏东''南偏西'？""我们已经认识了8个方向，为什么现在还要学这种描述方向的方法？""看着图上的角度，我会说准确的方向，但要让我自己量偏离的角度，我不知道怎么量"……学生的这些问题，是我完全没有预设到的。所以，我邀请这些学生作为"活动单"的设计主体，将他们预习中遇到的问题和产生的困惑为设计主线，进行了如下设计。

活动一：创设具体情境，引导学生思考"怎样才能准确描述灯塔的位置"，感悟引入方向和距离的必要性。

活动二：首先以"你知道吗"介绍"北偏东"方向名称的由来，再引导学生迁移"你能用自己喜欢的方式指出平面图上其他几个方向吗？"

活动三：以飞机场雷达屏幕为主图（每相邻两个方向夹角为30°），让学生描述以机场为观测点时各飞机所在的不同方向和距离，并呈现问题"怎样确定偏离南北方向的角度"，引导学生思考偏离角的顶点、始边和终边。

活动四：让学生测量平面图上的物体相对于观测点的角度（以易混淆的为主）和距离，并引导学生在活动经验的基础上总结："在量角时，你发现摆量角器和读度数有什么诀窍？"

参与设计的学生通过自己的学习体验认为，这样的"活动单"能够让他们弄清知识的来龙去脉，体验到数学与生活的内在联系，化繁为简地解决难点，轻松自如地掌握技能要领。

活动单的设计还应满足学生多样化的需求，同时为课堂多样化的生成提供可能。比如，"比例尺的应用"的"活动单"设计，我们改变了课本例题求明华小学到少年宫的实际距离的单一问题，利用平面图中呈现信息的多样性，与学生一起设计了如下问题：（1）从图中我能获得哪些信息？（2）根据获得的信息，我能提出哪些问题？（3）每小组选择一个问题解决，想一想，能用不同的方法解决吗？（发挥集体智慧）展示交流时，既有同一问题的多样化方法，又有不同问题的相同方法，充分展示学习主体的个性化思路和学习共同体"头脑风暴"激荡出的多样化算法，为学生的自主选择和优化算法提供了机会，把"活动单"学习的优势发挥得淋漓尽致。

实践中，我们还尝试根据学生的不同学习需要"量体裁衣"，以不同层次的学生为主体，设计不同的活动单，一堂课基本上可以提供三种左右的活动单。虽谈不上个性化教学，但已经为在大班额条件下实施因材施教作了有益的尝试。相信在"先学后教""以学定教""以教导学"等理念的指导下，活动单上的问题一定能引领教师和学生回归原生态的教学活动。

（江苏省如皋师范学校附属小学　汤卫红）

运用电教媒体，化平淡为精彩

—— 数学课有效运用电教媒体例谈

建构主义认为，知识是情境化的。因此，在课堂教学中，创设真实的学习情境被看成实现意义建构的关键。然而，情境的创设需要对生活进行拷贝，并适时地重现生活的情节与细节，这是传统教学方式难以做到的。电教媒体所具有的形象具体、动静结合、声色兼备等特点，为教师创设生动的教学情境提供了保障。教师借助电教媒体，创设形象生动的情境，能够迅速地把学生的兴趣和注意力集中到课堂学习活动中来。下面是我在实践中的一些体会。

一、化抽象为具象，消除学生学习数学的恐惧心理

在教学"秒的认识"这课时，我事先在多媒体课件上做了一个时钟，上面标出大格和小格，画出了时针、分针和秒针。只要单击时针，它就会慢慢转起来，再单击一下，它就会停下，分针和秒针也是一样。在具体演示过程中，学生提高了学习兴趣，同时也理解了时、分、秒之间的关系，掌握了它们之间的进率。

数学知识是人们在长期的社会实践中抽象概括的，如一些概念、法则等，这些知识通常既是重点又是难点。小学生以形象思维为主，抽象思维能力不强。所以，在数学课上，关键是要将一些比较抽象的数学知识、概念借助电教媒体形象地表现出来。譬如，教师可以运用电教媒体介绍数学概念的起源、形成和发展过程；介绍数学的原始思考、知识的来龙去脉；讲述数学

家的创造过程，让学生消除学习数学的恐惧心理。这些方式可使数学中的一些抽象问题具体化、复杂问题简单化，化难为易，从而突破教学重难点。

二、化静态为灵动，激活学生的学习兴趣

在教学"解决有关行程计算的实际问题"时，我利用课件出示了两位学生的行程，他们分别住在学校的左右两侧，然后动态地展现他们从家走到学校的过程：每走 1 分钟停顿一会儿，经过 4 分钟，两人在校门口相遇。这一过程增强了学生的感性认识，解题时更加得心应手。他们有的采用画线段图的方法整理信息，有的用列表的方法整理信息，都正确地解决了问题，取得了良好的教学效果。

小学生天性好玩、爱动，他们的认知活动多以兴趣为前提，无意注意占重要地位。而数学课本中的知识都是以静态的方式呈现出来的，多数学生看了几页之后便失去新鲜感。因此，教师可以采用多媒体课件的动态图像演示，引导学生在实践中自行探索创造，促进学生形成新的认知结构。

三、化复杂为简约，梳理教学重难点

在教授"有余数的除法"一课时，我先在大屏幕上出示了一幅图：一只小猴正满头大汗地看着 7 个桃子。

根据这幅图创设出小猴过生日的情境：小猴想把 7 个桃子放在盘子里，而且每个盘子要放 3 个，这下可把小猴难住了，你们能帮帮它吗？学生都很兴奋，纷纷伸出援助之手，他们有的摆小棒，有的画图形，很快就帮助小猴解决了问题。

同时，在课件上出示桃子的分装过程：先将 3 个桃子放到第一个盘子中，再将 3 个桃子放到第二个盘子中，最后还剩 1 个桃子，不能装满一盘，只好单独放置。电教媒体生动有趣地展示了有余数除法的形成过程，极大地调动了学生学习的积极性。

有些数学知识是由几个知识点组成的，学生往往很难理解和消化。这时教师要恰当地使用电教媒体，在学生产生困惑时及时点拨、提示，将复杂的问题简单化。这样既能加深学生的印象，又能使学生在解决问题的过程中少走弯路，提高解决问题的效率。

四、化被动为主动，提高解决问题的能力

在教授"三角形的面积计算"时，我是这样做的："三角形的面积计算"是在学生学习了"平行四边形的面积"之后进行教学的，这节课先通过课件演示平行四边形面积的推导过程，然后再引入新课，效果会更好。"三角形的面积该怎样计算呢？大家能不能根据已经学过的知识解决这个问题？"引导学生联想到"割补法"来解决问题，然后自己动手探索，推导出三角形面积的计算公式。

传统课堂上学生被动接受知识，运用多媒体课件动态演示数学知识的推导过程，能更好地激发学生动手操作的欲望。他们在实际操作的过程中体验到数学知识的形成过程，从而提高解决实际问题的能力。

（安徽省合肥市慈云小学　吴慧慧）

学情，教学的导航仪

——"认识小数"教学带来的启示

┃课例回放┃

在教学苏教版五年级数学"认识小数"时，有一个练习：大正方形表示单位"1"，涂色表示下面的小数（0.42）。大部分学生要么横着涂 4 行再加 2 个小正方形，要么竖着涂 4 列再加 2 个小正方形，这样一眼就可以看出一共涂了 42 个小正方形，用小数表示是 0.42，如图 1、图 2 所示：

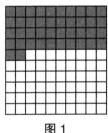
图 1

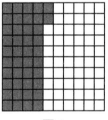
图 2

而有个别同学这样涂，如图 3、图 4 所示：

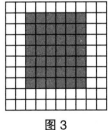
图 3

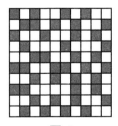
图 4

乍一看，还真不知道涂色的小正方形有几个。仔细数一数，左图每行 6 个，共 7 行，$6 \times 7 = 42$；右图虽杂乱无章，但也是 42 个。根据小数的意义，把单位"1"平均分成 100 份，其中的 42 份就是 0.42，这样看来，这样涂确实没错。但看到这样的作业，我首先想到的是，为什么不十个十个数呢，那样多简单明了！

回想一年级教学生认识计数单位"十"的时候，我们是这样教学的。比如，先让学生数 42 根小棒，再汇报是怎么数的，一般会出现以下情况：一根一根地数，数 42 根；2 根 2 根地数，数 21 对；3 根 3 根地数，数 14 组；4 根 4 根地数，数 10 组再加 2 根；5 根 5 根地数，数 8 组再加 2 根；10 根 10 根地数，数 4 组再加 2 根……然后，教师让学生说一说怎么数简单明了，引导他们认识到：10 根 10 根地数最简单，42 就表示 4 个 10 再加 2 个 1，从而引入计数单位"十"。为了让学生体验计数单位的优点，一般会做一个巩固练习：给学生一张大豆（或糖等都可以）洒落一地的图片，让学生圈一圈、数一数共有多少粒大豆，比一比谁数得又对又快。然后让数得又对又快的学生汇报方法，用事实说明 10 个 10 个地数更快更好。很显然，一个一个数，没有形成把 10 当成一个整体，表示 1 个十；10 个 10 个数，已经掌握 10 个一便是 1 个十，即形成了计数单位"十"的概念。通过练习让学生强化对计数单位作用的认识。最后，介绍十进制计数法的由来，再从计算单位的角度重新认识为什么会有"屈指可数"这个成语。

同理，图 3、图 4 表示 0.42 没错，但在学生思维的深处还没有自觉运用计数单位"十"。因此，虽然明白了小数的意义，但在十进制计数方面显然存在知识缺陷。为了让学生深刻理解这一点，在课堂上，我进行了以下的男女生两轮比赛——用小数表示下面各图，看哪组写得又对又快。第一轮比赛：图 5 男生做，图 6 女生做。无一例外，男生全胜，而有不少女生做错；然后进行第二轮比赛：图 7 女生做，图 8 男生做，毫无悬念，女生全胜，这次男生做错的多了。通过比赛让学生认识到，并不是男生或女生很厉害就取胜，导致胜负的根本原因在于涂色部分是否有规律，强化使用计数单位"十"的优势。

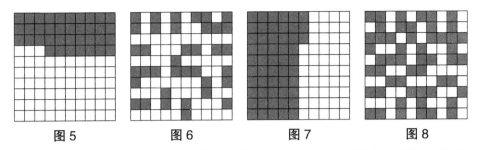

| 图 5 | 图 6 | 图 7 | 图 8 |

为什么计数单位有这样的优势？其实，这涉及注意的广度问题。注意的广度是指在同一时间内一个人能清楚地把握对象的数量。影响小学生注意广度的因素与知觉对象的特点有关，如形态相似、排列整齐的客体注意范围大，反之则小。以 0.42 为例：图 1、图 2 是以 10 个小正方形为一个客体，共 4 个客体再加 2。由于绝大部分学生对十进制计数非常熟悉，使用计数单位十又使涂色部分的排列非常有规律，这样学生的注意范围自然大，所以能快速并正确解决问题。图 3 以 6 个（或 7 个）小正方形为一个客体，共 7（或 6）个客体，图 4 以 1 个小正方形为一个客体，共 42 个客体。所以，虽然图 1 至图 4 表示 0.42 都正确，但存在思维的优劣之分。图 1、图 2 能自觉运用计数单位"十"，使图排列得整齐有规律，图 3、图 4 没有自觉应用计数单位"十"，尤其图 4，要注意的客体非常多，毫无规律可言。

教学反思

教学中所谓查漏补缺，那漏和缺在哪里？其实，我们可从错题中看出，也可从正解里看出，只不过比错题更隐蔽罢了。所以，这时候就要求教师有洞察秋毫的慧眼。

（江苏连云港市经济技术开发区第一小学　娄荣兰）

有效课堂，有效启迪思维

—— 对小学数学有效课堂的实践思考

　　随着课改的不断深入，小学数学课堂发生了令人欣喜的变化。"自主、合作、探究"作为新课程课堂教学的精髓，已经被广大教师认同。但是，一些深层次的问题随之凸显出来。有些课堂虽然花样翻新，课堂气氛空前高涨，学生表现得异常兴奋，但在热闹背后，透射出课堂教学低效甚至无效的现象。如何提高教学的有效性，营造高效的数学课堂呢?

▍课例回放 1▍

　　如在学习"9+5"时，教师为了启迪学生的思维，为学生提供了一个展示平台，让他们自主尝试解决问题。通过学生积极、主动地思考，结果创造出许多方法。学生 1：摆学具先摆 9 个，再摆 5 个，一共 14 个；学生 2：先数 9 个数，再往后数 5 个数，得到 9+5=14；学生 3：5+5=10，10+4=14；学生 4：9+1=10，10+4=14；学生 5：因为 10+5=15，所以 9+5=14；学生 6：因为 8+5=13，所以 9+4=14；等等。整个学习过程中，教师充分调动了每个学生学习的积极性。学生在自主、合作的活动中积极思考，用不同的方法计算出得数，从而训练了思维能力，提高了思维水平。

　　又如，学习"认识三角形"一课时，在学习三角形三条边的关系时，教师没有直接讲解三角形三条边的关系，而是给学生两根 15 厘米和 7 厘米的小棒，让学生再配一根整厘米的小棒，使它们能围成三角形。这道题设计得很开放，课堂气氛非常活跃，各小组积极交流探究，从而使学生掌握了三角形的基本特征。然后，教师进一步让学生观察讨论组成三角形的三根木棒之间有怎样的关系，让学生认识三角形的本质特征。通过这些训练，学生的思维得到拓展，能力得到提高。

教学反思

数学是思维的体操，数学课堂应是培养思维能力的主阵地。我们的教学应以培养、训练学生的思维能力为主线。教学环节的精巧设计、教学问题的精心挖掘，都应充分体现这一主线。每节课都应让学生的思维始终处于兴奋状态，积极主动地找到解决问题的方法。同时，拓展学生的思维空间，使学生对知识的理解和掌握不仅停留在学会了的阶段，而且要达到对知识理解、掌握、巩固和提高的目的。

课例回放 2

如在学习"排列"时，教师为了让学生真正理解排列的方法，设计了一个游戏，让几名学生在黑板前进行不同的变换排列，从中寻找排列规律，然后探讨交流。这样的设计让学生之间产生了互动，不论是在前面表演的学生，还是下面坐着的学生，思维都被调动起来，投入问题的思考之中。兴趣高涨，思维活跃，活动效果良好。

又如在学习"圆锥体积"时，为了探索圆锥的体积与圆柱的体积之间的关系，教师课前让各小组准备了一些圆锥、圆柱和沙子，课上让学生动手操作，探究它们之间的关系。通过操作，学生真正理解了圆锥的体积和圆柱的体积之间的关系。这样的设计既改变了以往课堂单纯注入式的教学模式，有利于学生掌握知识的内涵，又使学生从根本上提高了解决问题的能力。

数学教学是数学活动的教学，在教学中，数学活动决定着数学教学的成败。有效的数学活动应有利于学生数学知识的掌握和数学技能的提高，有利于增强学生解决实际问题的能力，有利于学生整体素质的全面发展。新课程改革不是搞花架子，而是作为一种手段，让学生尽量用最少的时间形成自己的知识结构。在这一过程中，教师尽量减少无效劳动，主要是指导和帮助学生培养兴趣，掌握知识，发展智力，形成能力。因此，教师在设计数学活动时，应时刻围绕预定的目标展开，以学生的认知为出发点，简明有效地组织课堂教学，避免课堂上"一窝蜂"，课下脑中"一场空"，确保教学活动真实有效。

但应注意，在有效课堂上，"动"能激活学生学习的情趣，活跃课堂气氛，而"静"有时更有利于营造自主思索、感悟的时空，促使学生思维的深化。教学活动设计过于"动"，就会表面上热热闹闹，实则学生的思维很少参与；教学活动设计过于"静"，课堂气氛就会显得死气沉沉，学生容易产生疲劳。因此，我们在设计教学活动时，应既留给学生"动"的时间，又留给学生"静"的时间。动静结合，可打造有效、高效的课堂。

当然，改变课堂的因素是多方面的，如关注学生的起点、转变教师的教学方式、改变学生的学习方式、设计形式多样的教学形式等。构建有效、高效的课堂，让所有的学生动起来，快乐起来，让数学课堂成为学生发展的天地，是每位教师永恒的追求。

（山东省临邑县临邑镇启明小学　魏红亮）

走出提问无效的误区

—— 对教师课堂提问的实践与反思

课堂上，学生的学习积极性不是很高，所以，要想更好地吸引学生，教师必须进行有效提问。从形式方面来看，提问可以分猜想性问题、开放性问题和对话式问题；从效果角度来看，提问可以分为低效性提问、适度性提问和明确性提问。在教学过程中，教师要根据学生和课堂的具体情况，提出一些具有吸引力的问题，让学生去思考、讨论，在轻松、愉快的氛围中解决问题。

一、提出猜想性问题，激发兴趣

例如，著名数学特级教师张齐华在教学"平均数"这一课时，是这样教学的：

（呈现张老师前三次投篮成绩：4个、6个、5个。）

师：请同学们说说你们看到我前三次的投篮成绩，是怎么想的？

生1：张老师这次一定输了。

师：你是从哪儿看出来的？请说出你的理由。

生1：张老师前三次平均只投中了5个。尽管你还有一次投篮的机会，但是我认为这一次能够赢的概率不大，所以，你肯定输了。

生2：我也觉得张老师肯定输了。万一你最后一次发挥失常，一个都没投中或者只投中一两个，那也输了。

生3：我有不同的意见，我认为张老师会赢，万一他最后一次超常发挥，投中 10 个或者更多，那他就赢定了。

师：那结果究竟会怎么样呢？让我们赶紧看看第四次投篮的成绩吧。

（出示老师第四次投篮的成绩）

……

课堂上，张老师先呈现前三次的投篮成绩，让学生来猜一猜最后的比赛结果。看到张老师前三次的投篮成绩，有的学生猜想张老师一定输了，因为只剩下最后一次机会，有可能把握不好，发挥失常；但也有学生猜想张老师会赢，希望他最后一次发挥超常。在学生猜想的基础上，张老师再出示第四次的投篮成绩，让学生直接看出最后的比赛结果。这种教学方式，不仅激发了学生学习的积极性，而且活跃了课堂气氛。整个教学活动处于轻松、愉快的氛围中，学生不仅感悟到平均数的意义，而且了解到平均数在现实生活中的重要作用。

猜想性问题就是答案由学生凭借自己猜测、推算出来，有待证明后才能判定的问题。以前教师一贯照本宣科地进行教学，这样的课堂缺少情趣，缺少激情，学生只是被动地接受知识，没有学习新知识的兴趣。教学时，教师可以提出一些猜想性问题，让学生积极思考、讨论，产生探究问题的欲望，从而激发他们学习的积极性。

二、提出开放性问题，激活课堂

例如，在教学"认识分数"这一课时，我是这样组织教学的，片段如下：

师：（出示一个非透明的袋子）你们猜一猜袋子里到底有几块饼？它的 $\frac{1}{2}$ 是多少块？

生：袋子里一共有 10 块饼，它的 $\frac{1}{2}$ 是 5 块。

生：袋子里一共有 8 块饼，它的 $\frac{1}{2}$ 是 4 块。

……

师：什么情况下，袋子里饼的 $\frac{1}{2}$ 是 1 块？

生：袋子里的饼只有两块的时候，袋子里饼的 $\frac{1}{2}$ 是 1 块。

师：什么情况下，袋子里饼的 $\frac{1}{2}$ 是 2 块？

生：袋子里的饼是 4 块的时候，它的 $\frac{1}{2}$ 是 2 块。

师：同学们说得都很对，现在老师告诉你们，袋子里有且只有半块饼。
（同学们"哦"的一声，教室里顿时安静下来，他们都等着我来解释。）

在教学过程中，我通过一个非透明的袋子，让学生猜一猜里面到底有几块饼，有的学生猜是 10 块，有的猜是 8 块……说法不一。可到最后，当我告诉他们袋子里只有半块饼的时候，他们先是大吃一惊，接着"哦"的一声，始料未及，都没有想到袋子里面只有半块饼。用这种开放性问题进行提问，不仅能够吸引学生的注意力，更能激发他们的求知欲望。

开放性问题就是思路开阔，答案不唯一、不封闭的问题。课堂上，当学生掌握了一些解题思路和技巧之后，教师可以插入一些开放性问题让学生来解决，这样不仅能够调动他们的思维，更能激发他们的兴趣，激活课堂。另外，开放性问题不仅能够让学生充分体验到探究知识的乐趣，更能培养其创新意识。教学过程中，教师要让学生尽可能产生多的想法，在开放性问题的指引下，鼓励他们勇于讨论，敢于说出自己的思考，从而体会到学习的乐趣。

三、提出对话式问题，活跃课堂

例如，著名数学特级教师华应龙在教学"百分数的意义和写法"这一课时，是这样来组织教学的，片段如下：

师：在世界杯比赛中，有一个罚点球机会，如果是你，会让国家队的哪位球员来主罚？（出示郝海东、祁宏、范志毅三位男足运动员的照片）

生1：郝海东。

师：你为什么安排郝海东来罚呢？

生1：因为他在中超比赛中进球比较多。

生2：祁宏。

师：你为什么让祁宏来罚呢？

生2：祁宏的足球技术最好。

生3：范志毅。

师：那你为什么让范志毅来罚呢？

生3：他心理素质好，罚点球不会紧张。

师：同学们说得都很好，那你准备怎么安排呢？要是我，我肯定会看一看他们在比赛时罚点球的成绩，再作决定。

生：对，对，对。

……

在教学过程中，华老师以中国足球为例，采用"对话式"，一问一答，步步跟进，层层深入，既让学生了解了中国足球的现状，又让他们明白数学问题来源于日常生活。课堂上，华老师循循善诱，充分调动学生的主观能动性，将百分数的知识贯穿中国足球。这样的问题，学生既能理解又容易接受，也为以后学习百分数作好了铺垫。另外，华老师将极具吸引力的足球与数学学习巧妙地结合起来，引领学生游览数学王国，发现数学的美丽。

课堂上，教师要努力提出一些个性的问题来活跃课堂，激发学生学习的兴趣。因此，教学过程中，教师不仅要会"教"，更要学会"问"，善于"问"，给学生创造机会，激发他们强烈的求知欲。

对话式问题就是教师提出一个问题，学生回答，教师再提出一个问题，学生接着回答，也就是"一问一答"式。教学中，教师要避免课堂枯燥无味，尽量采用对话的方式，通过与学生面对面的交流，引导他们思考，将问题化难为易，从而活跃课堂氛围，激发学生的学习欲望。

（江苏省如皋市丁堰小学　包逢祺）

让课堂学习因经历而精彩

——有感于学生的课堂经历

课堂上，教师应让学生动手实践操作，增加其独立思考和独立解决问题的机会，真正经历数学探究活动，必然会对知识深有感触，比起教师的讲授要理解得透彻，而且呈现出认知的多样化。所以，数学教师应创设条件让学生获得更多有意义、有价值的经历：或是曲径通幽的波折，或是豁然开朗的顿悟。

一、"浪费"的经历使收获更丰厚

在教学"平行四边形的面积计算"时，如果只有公式、运算、解题的教学内容，会让学生感到数学内容淡而无味；"讲解公式—提供练习巩固—后进生辅导"的学习模式线条单一，方式机械，使学生找不到参与感。虽然讲授方式下学生知识掌握效果较好，但总显得过于单薄，学生在练习中不能灵活运用，或易混淆公式。所以，数学学习中，学生需要经历。

教学时，我要求学生通过剪、拼等办法，将平行四边形转化成已知图形——长方形（或正方形），利用长方形的面积计算方法研究推导出平行四边形的面积计算公式。结果本课大约花了 30 分钟用来组织学生研究推导平行四边形的面积计算公式。当然，也有人质疑：有必要浪费那么多时间进行公式的推导吗？浪费这些时间，值得吗？直到学习三角形和梯形的面积计算公式时，学生主动要求自己研究，结果还真的做得有板有眼。学生在剪、拼的推导过程中寻找到多种方法，有了自己的思考、分析，不仅能力得到提高，而且体验到动手尝试的乐趣及自主发现的满足。这些学习情感被释放出来，转化成学生对数学学习的热情和兴趣。而兴趣是学习最好的老师，这不正是我们所希望的吗？

二、"错误"的经历让乐趣更浓厚

"知道 2、3、5 倍数的特征"，是第二学段的学习内容之一。教材首先安排学习"2 的倍数的特征"，接着安排学习"5 的倍数的特征"，最后安排学习"3 的倍数的特征"。因为 2、5 的倍数都是在个位上找到特征的，所以学习"能被 3 整除数的特征"，学生会十分自然、习惯地从个位上进行思考和寻求答案，行为就容易受到前面知识负迁移的影响及思维定式的干扰。所以，教学时，有的教师为帮助学生少走冤枉路，就会善意地提醒他们不能总是从个位上考虑，并暗示学生将"各个数位上的数字相加求和"去找一找特征。这样，学生在教师的牵引下，很快就有了结论。但这时教师的善意与担心，教学的小心翼翼、时时暗示，把学生的思维框在了一个小圈子里。

教师的行为虽然有利于学生在一节课中更快地发现数的特征，得出结论，却禁锢了学生的思维，学生不再去追求知识的之所以然，可能失去学习的热情。而随着时间的推移，当遇到问题和挫折时，学生习惯于等待教师的提醒与暗示，而不会独立思考，思维能力则得不到实质性的提高。

在这节课中，教师应该让学生不断地尝试，在不断犯错中慢慢成长起来。关于 3 的倍数问题，放手让他们自主探索，在经历错误的过程中主动发现错误，自觉反思并尝试从另外的角度分析、发现问题。在课堂上经历探索过程而提炼出的思维方法、数学兴趣，是一种不可量化的"长效"情趣。

三、"莫辨"的经历让学生的体验更醇厚

例如，教学比较"分数与小数的大小"时，有了多种方法后，教师会要求学生这样思维："分数能化成有限小数时，将分数化成小数后再进行比较；分数不能化成有限小数时，将小数化成分数后再进行比较。"这是最优选择吗？学生并不是按教师小结时所说的方法去做练习，而是用自己已经习惯了的、内化的方法去做。由此可见，教师不必让学生用规定的、最优的方法而自己并不习惯的方法去解决问题。至于孰优孰劣，教师可以"模糊控制"，让学生自己判断，可以有结论，也可以没有结论。也许这样，数学教学的结果会更厚实，对学生发展的意义更大。

新课程标准提出"算法多样化"，教师也尽量创设情境，引导学生从不同的角度运用多种方法解决问题。但是面对各种不同的方法，又开始思考是否需要"择优"的问题。条条大路通罗马，可细细想来，目的地虽然一样，但不同时间、不同对象、不同条件下到达罗马所选择的路有可能完全不同，不同的路就会带来不同的经历。在学习中，让学生经历比较的过程，是十分有必要、有意义的，但究竟哪种方法"最优"，则不必下定论。

四、"情境"的经历让学生的情感更深厚

1. 丰富学生"玩数学"的经历。

例如，教学"人民币"的内容时，可以把教室一角布置成"小超市"，让学生当顾客和营业员，经历"买""卖"的过程。又如对于计算课型，可以设计一些"对口令""钻山洞""找朋友""兔子搬家"等游戏，寓知识于活动中，玩中生趣，趣中求知。

一位教育名家说得好，要让学生学好一门学科，必须先让学生喜爱教这门学科的老师，喜欢上这门课。只有让学生产生学习数学的浓厚兴趣，学生的学习才能达到一个良好的状态。爱玩是孩子的天性，当他们以玩的方式和心理来对待数学学习时，便会全身心地投入，学得有趣，学得愉快，学得主动和深刻。

丰富学生"玩数学"的经历，我们可以游戏活动为载体来包装数学知识，以数学故事串联数学知识，以小型化竞赛呈现数学探究活动。

2. 丰富学生"做数学"的经历。

如教学"三角形和平行四边形"时，可组织学生开展"做一做""扭一扭""比一比""想一想"等活动，让他们发现三角形的稳定性和平行四边形的不稳定性。再如教学"正方形的特征"时，完全可以让学生自己发

现正方形的特点，量一量、折一折，知道它的四条边是一样长的。这样的活动经历，就会给学生留有思考的空间，他们会从不同角度，利用不同方法得出结论。这样才能使学生在"做数学"的过程中真正发挥主体作用。

新课程标准提倡自主、探究、合作的新型学习方式，强调在教师引导下，学生通过自我观察、讨论、实践操作、分析比较、综合归纳来解决问题，自主构建数学模型。每一次的数学学习活动，都是一次丰富学生"做数学"的机会。随着学生"做数学"的经历不断积累、丰富，他们对数学学习的理解也将不断提升到新的高度。

3.丰富学生"用数学"的经历。

例如，在学生掌握了"统计"的方法之后，可以让他们了解、统计自己使用零花钱的情况，从而教育学生节约用钱。又如，在学生学习了"长方形和正方形的表面积"后，组织学生测算粉刷房屋的费用，让学生在获取信息、分析信息、制订方案中，不断地丰富"用数学"的经历，增强"学数学""用数学"的意识。

学以致用，这是学习数学的主要目的。"人人学有价值的数学""人人都能获得必需的数学"是《义务教育数学课程标准（2011年版）》的基本理念之一。其在总体目标中写道：使学生能够初步学会运用数学的思维方式去观察、分析现实社会，解决日常生活和其他学科学习中的问题，增强应用数学的意识。如何使学生具有强烈的"用数学"的意识——面对实际问题时，能主动尝试从数学的角度运用所学知识和方法去寻求解决问题的策略，这是我们要考虑的。

（浙江省苍南县少年艺术学校　赵春黄）

让数学有乐趣，教师要有智趣

——有感于低年级的数学教学

低年级的数学教师在教学过程中，总是希望学生不但把知识学好，而且学得愉悦。为了这样的目标，我们进行了长期的探索和实践，并积累了一些行之有效的方法。

一、让游戏伴随低年级学生的数学学习

游戏是低年级学生喜欢的学习方式，结合低年级学生的数学学习内容和思维发展需要，我们为学生制定每个学期的游戏活动内容，并在开学前把一学期的游戏活动方案下发给学生。学生根据每月的游戏主题开展游戏活动，在月底参与游戏比赛。学生在游戏中学习，发展思维、增长智慧，提高心理素质。

比如面对刚入学的一年级学生，每月的游戏主题活动有拍皮球、下五子棋、跳绳、打乒乓球、立定跳远。其中，"拍皮球"游戏，我们要求学生边数数边拍球，而且左右手都要参与拍球，左手拍球时从 1 数到 20，右手拍球时从 20 倒数到 1。因为学生刚入学，通过拍皮球让学生练习 1 到 20 的数数，可让"数"具体落实到学生的游戏中。由于 1 到 20 顺着数比较简单，于是由左手承担拍球，而 20 倒数到 1 有一定的挑战性，于是让右手承担（当然，这是针对大多数学生以右手为顺手而制定的规则）。通过近一个月的课外练习，学生在游戏中接受挑战，在游戏中享受快乐，最后比赛时，大部分学生都能顺利过关，得到"球王"的喜报。没有过关的学生尽管没有得到喜

报，但同样经历了整个游戏过程，享受到游戏带来的乐趣。

除了每月的主题游戏活动，平时根据数学学习内容，我们经常开展临时性的课间数学游戏。比如，在学了20以内的数数之后，有的学生对于两个两个数不够熟练，尤其是倒数，于是，我们用粉笔在学生活动的场地上画格子，从1到20共20格，并写上数，让学生玩"袋鼠跳"，边跳边数数。有的学生一格一跳，有的两格一跳，有的顺数跳，有的倒数跳。在"袋鼠跳"游戏中，学生克服了数数的障碍，拓宽了数数的思路，让灵活的数数有了现实的依托，从而培养了数感。

几年实践下来，我们发现数学游戏活动丰富了学生的学习生活，拓宽了数学学习的范畴，活跃了学生的思维，启迪了学生的智慧，不经意间为学生的学习生活添加了润滑剂，让他们的数学学习变得乐趣无穷。

二、让日常学习中多一些"数学小饰品"

低年级学生对"数学美"的感受是非常具体、直观的。如何让低年级的学生也能感受"数学美"，并从中汲取学习的乐趣？我们的做法是：让日常学习中多一些"数学小饰品"。

1. 黑板上经常出现的大笑脸。因为全班同学上课非常专心，爱动脑筋，发言积极，教师在黑板上画上大大的笑脸，并告诉学生他们很棒。学生的眼里满是喜悦，学习自信心也更足了。

2. 作业批改中的笑脸开花。当学生的作业非常认真、整洁的时候，教师会在作业本上画上一个笑脸，外面开出一圈的花瓣。当学生看到自己作业本上的那朵花在朝自己笑的时候，心情会更好，形成一股动力激励着自己，每一次作业都争取优秀。那张开花的笑脸无形中起到培养学生形成良好作业习惯的作用。

3. 课堂作业本上的100分。在试卷上偶尔能看到100分，但这样的100分并不普及每个学生，如何让更多的学生享受100分的待遇？为此，我们尝试着在学生的作业本上不定期地批阅100分。当这一次的作业难度比较高的时候，当作业全部由学生独立完成的时候，当学生的作业有明显进步的时候，教师会毫不犹豫地画上100，以示鼓励。这个红笔批阅的100往往会让学生激动、心动，这是一种成功的满足。这个100在学生眼里特别美，于是，他们便会逐渐体会到数学是美的，学习是美的。

4.学习园地中的爬格子比赛。这是针对学生作业设计的竞赛表，一次作业优秀便在表格中自己的名字栏中向上爬一格。爬格子比赛能比较直观地激励学生不断上进。在格子中，学生都喜欢用水彩笔把自己爬的那些格子涂得非常漂亮。每次上升一格，学生便会欣赏一会儿，心中酝酿着自己下一次的进步。爬格子比赛也让低年级学生对数学的统计知识有了初步的认识，有时候，我们的爬格子比赛采用一格表示2或者一格表示3的统计形式。

5.黑板报上的表扬栏。班级后面的黑板报上，我们专门设立了表扬栏，而且每周都有变化，有数学作业优秀名单，有每周"数学小明星"，有作业书写认真的名单，有学习进步的名单，等等。学生非常关注黑板报上的表扬栏，每个学生的姓名都会不定期地出现在这里。无疑，表扬栏给学生带来学习的乐趣和成功的自信。

6.各种有趣的奖项设计。在低年级学生的日常学习中，经常有学生会收到教师的"小礼物"，有时候是数学"过关喜报"，有时候是"数学小明星"，有时候是"数学口算大王"等。设计精美的彩色卡片不但是对学生认真学习的肯定，也让学生享受到数学学习的美。

日常学习中的"数学小饰品"有很多，经常性地给家长发表扬短信，同样是对学生学习的激励。只要教师用自己的智慧为学生创造一片智趣的天空，学生便会学得快乐，学得自信。

三、让班级后20%的学生也学得有滋有味

面对50多个学生的班级，我们如何照顾班级后20%的学生的学习？作为低年级的教师，我们要努力让后20%的学生也学得有滋有味，只有这样，学生才能学得更主动，才能更好地发挥自己的聪明才智。仔细分析这些学生，我们发现很多学生是由于不良的学习习惯造成学习落后的。针对不同情况的后20%的学生，我们采取多种有效措施，把关爱渗透于日常教育教学中。

1. 诱人的小队长。对于一些优秀学生来说，小队长并不诱人，他们希望自己是中队长甚至大队长。然而，对于班级后20%的学生来说，一般连"小队长"都可望而不可即。于是，我对班中有不良学习习惯的四个学生采用"小队长诱惑"的办法，星期一到星期四，他们四人轮流戴"小队长"袖章，星期五由四人中进步最快的学生佩戴，教育效果非常好。其中一个学生问道："什么时候才能当上真正的小队长？"我告诉他："如果能坚持三个星期，一直非常优秀，就可以成为真正的小队长了。"这几个学生的自制力逐渐变强，尽管有反复，但在教师的提醒下还是能够继续坚持。在这个过程中，学生的一些不良习惯得到纠正，上进心得到激发，主动学习的意识逐渐增强。学生听到的表扬和鼓励的话语越来越多，同时感受到学习所带来的乐趣。

2. 课间小卡片。我们班有三个学生的计算能力非常弱，于是我利用课间让这三个学生进行算小卡片比赛：谁先算对，小卡片归谁拿，看最后谁的卡片最多。旁边围成一圈的学生非常羡慕他们。三个学生算得非常认真、有效。丹丹每次都获胜，学习积极性得到激发。在课间，她经常会主动要求进行"算小卡片比赛"。看着学生好学上进，教师内心总会涌起一股教学的激情。我们始终努力让每一个学生都能快乐学习。

3. 妈妈在日本的学生。小柯的妈妈属于劳务输出，去了日本工作，他的爸爸疏于对孩子的管教，因此他的学习习惯不好，上课经常不听讲，作业也不做。但对小柯，我们从来没有放弃，并且教育全班学生要关爱小柯同学。我们会告诉学生：小柯的妈妈去了日本，他三年都不能见到自己的妈妈，同学们应该给小柯更多的爱；小柯同学自己也要努力，三年后妈妈回来的时候，自己要成为班级中最优秀的学生，那时候，妈妈会非常高兴。教师动之以情、晓之以理的话语激励了小柯，平时调皮捣蛋的小柯同学当场掉下了眼泪，之后他主动要求教师让他和最优秀的学生珺珠成为同桌，他要和珺珠比赛。教师满足了他的要求，他真的非常努力。很长一段时间，他上课爱动脑筋，发言积极，每次作业都能认真完成。我们高兴地看到学生的进步，同时也在学生出现反复变化的时候及时做好谈心工作。

4.作业对一道小题得一颗红五星。有的学生由于学前教育没有跟上，认知能力弱，上课反应慢，作业很少全对。我们除了进行个别辅导以外，在作业批改中对这样的学生格外照顾。别的学生一次作业全对得一颗红五星，这样的学生只要对一道小题就可得一颗红五星。当打开作业本时，他们能经常看到自己本子上的红五星。学生的非智力因素会起到神奇的作用，我发现班中有两个学生作业本上的红五星越来越多，好几次作业全部正确了，上课也专心了很多，能主动进行交流了。确实，当教师关注了教学细节，后20%的学生也能学得有滋有味。他们不是落后，只是暂时的后进。

天真可爱的学生，尤其是低年级的学生，正处于学科知识学习的起步阶段，如果一开始就感觉学习是痛苦、枯燥的，那么这样的学习生涯能坚持多久？我们始终认为学生的学习应该是快乐的，主动的，积极的，富有童趣的，丰富多彩的……我们为着这样的目标努力着，探索着。

作为低年级的数学教师，我们始终结合学科本色，用自己对学生无私的爱挖掘着教育智慧，用孩子般的心态和学生相处，做一个有智趣的优秀教师，让每个学生脸上都有灿烂的笑容，心智得到良好的培养，都能健康快乐地成长。

（浙江省平湖市东湖小学　王春燕）

"数形结合"在小学数学学习中的运用

——有感于策略的运用

数形结合是一种重要的数学思想方法，就是通过数与形之间的对应和转化来解决数学问题。此方法可使复杂问题简单化，抽象问题具体化，兼有数的严谨与形的直观之长，是优化解题过程的重要途径之一。"数"和"形"是紧密联系的。我们在研究"数"的时候，往往要借助"形"，在探讨"形"的性质时，又往往离不开"数"。数与形是数学教学研究对象的两个侧面，把数量关系和空间形式结合起来分析问题、解决问题，就是数形结合思想。小学数学虽然不像初中数学那样，将数形结合的思想系统化，但作为数学学习的启蒙和基础阶段，数形结合思想已经渐渐渗透其中，为更好地学习数与代数、空间与图形两方面的知识服务，同时也在培养学生的抽象思维和解决实际问题的能力方面起了较大的作用。

一、数形结合，使模糊的数学概念清晰化

小学生都是从直观、形象的图形开始入门学习数学的。从人类发展史来看，具体的事物出现在抽象的文字、符号之前，人类一开始用小石子、贝壳记事，慢慢发展成用形象的符号记事，最后才有了数字。这个过程和小学生学习数学的阶段与过程有着很大的相似之处。一年级的小学生学习数学，也是从具体的物体开始认数，很多知识是从具体形象逐步向抽象逻辑思维过渡的。但这时的逻辑思维是初步的，且在很大程度上仍具有具体形象性。这方面的例子很多，如低年级开始学习认数、加减法、乘除法，到中年级的分数

的初步认识、高年级的认识负数等，都是以具体的事物或图形为依据，让学生根据已有的生活经验，在具体的表象中抽象出数、算理等。

此外，他们往往能在图形的操作或观察中学会收集与选择重要的信息，发现图形与数学知识的关系，并乐于用图形来表达数学概念。现在，小学课本中很多习题的已知条件不是以文字的形式给出，而是蕴藏在图形中，这样既能让学生乐于接受，也培养了他们的观察能力。

建构主义认为，学生学习活动的本质是：学习并非是对教师所教授的知识的被动接受，而是学习者以自身已有的知识和经验为基础的主动建构过程。数学意义所指的"意义"，是人们一致公认的事物的性质、规律以及事物之间的内在联系，是比较抽象的概念。而"数形结合"能使比较抽象的概念转化为清晰、具体的事物，有利于学生掌握和理解。

例如，在学习"乘法的初步认识"时，因为同一意义可以表示两种乘法算式，如果教师在教学过程中不注意数形结合，学生对乘法意义的理解及运用往往处于云里雾里的"一知半解"状态。如二年级有 3 个班，每班有 4 个"三好学生"，问：一共有多少个"三好学生"？对于刚刚接触乘法的二年级学生来说，有的会依样画葫芦地用 3×4=12 或 4×3=12 求出答案，也有的会用 3+4=7，为什么会出现用加法来运算呢？其实，他是不理解同一算式的两种不同含义，这时可以将题目的意思用图表示出来，借助下图来理解：

4+4+4

3×4　　　4×3

3+3+3+3

在看图的基础上，学生清楚地理解：横看图形，得到 4+4+4，可以表示成 3×4 或 4×3；竖看图形，得到 3+3+3+3，可以表示成 3×4 或 4×3。但是教师问学生：3×4、4×3 表示什么？如果学生在表达乘法意义时，不结合图形，会含糊地表述 3×4 既表示 3 个 4 相加，也表示 4 个 3 连加，4×3 既表示 3 个 4 连加，也表示 4 个 3 连加。如果不进行数形结合分析，学生脑中所构建的意义是模糊不清的。我认为：在学生表达 3×4 既表示 3 个 4 连加也表示 4 个 3 连加时，教师应该结合图形强调：3 个 4 连加应该怎样看？（横看）4 个 3 连加又应该怎样看？（竖看）指一指，说说相同加数是多少？几个这样的相同加数？通过数与形的一一对应，来建构乘法算式所表达的意义。借助图形，变抽象的乘法的意义为具体的事物，帮助学生将头脑中模糊的数学概念变得逐渐清晰，学生自然就不会出现 3+4=7 的错误了。

二、数形结合，以形助数，揭示数量关系，解决大量实际问题

如果说从图形上抽象出符号，只能代表人们认知事物的过程，还不能体现其在数学中的独特作用，那么以形助数，善于在图形的分析中快捷地解决问题，思维层次不断上升，这就充分体现了"数形结合"在小学数学中的用处。

数形结合的思想方法将小学数学中一些抽象的代数问题予以形象化的表示，将复杂的代数问题赋予灵活变通的形式，从而给人们提供活性的思维迁移训练。这正反映了数形结合思想方法是解决数与代数问题的有效途径。

这方面的例子在小学数学中有很多。从教材内容来说，五年级的认识公倍数与公因数就很好地体现了这一点。用长 2、宽 3 的长方形可以铺满边长是 6 的正方形，而不能铺满边长是 8 的正方形。从图形拼摆中说明 6 是 2 和 3 的公倍数，而 8 不是。

六年级中的替换、鸡兔同笼问题，也是从图形中总结出解决方法。例如：鸡和兔一共有 8 只，腿有 22 条，求鸡和兔各有多少只？

用算术方法解决鸡兔同笼问题，有的学生不能完全理解，而借助画图，一步一步总结方法和规律，能帮助学生理解。先画 8 个圆，表示 8 只动物，假设全是鸡，给每个圆画 2 条腿，共画了 16 条腿。还有 22-16=6（条）没有画上，再把剩下的腿添上，每个圆还可以添 2 条，6 条腿可以添 6÷2=3（只）。从画好的图中可以看出，这 3 只动物有 4 条腿，是兔；只有 2 条腿的

有 5 只, 是鸡。

此外, 在容斥问题、行程问题中, 图形也是好帮手, 甚至可以说离开了图, 小学生很难理解这类问题。

如常见的容斥问题: 班级学生每人至少参加一项兴趣小组, 有 35 人参加了美术组, 26 人参加了合唱组, 有 9 人两个小组都参加了, 求班级有多少个学生?

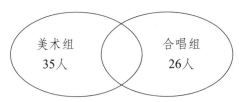

从图上可以很直观地看出 9 人是重复了的部分, 那么全班的人数就是 35+26-9=42 (人)。

再如这一类复杂的行程问题, 在没有学习二元一次、三元一次方程的小学阶段, 还只能利用图形来表示数量关系帮助解决: 一辆汽车从甲地开往乙地, 如果把车速提高 20%, 可以比原来提早 1 小时到达; 若以原速行驶 120 千米之后, 再将车速提高 25%, 则可以提前 40 分钟到达。问两地距离多少千米?

用长方形的长表示速度, 宽表示时间, 则长方形的面积表示总路程, 因为不管是以原速度、原时间行驶, 还是以变化后的速度和时间行驶, 总路程都不变, 即长方形的面积不变, 那么减少的面积 = 增加的面积, 即两阴影部分的面积相等。

先根据第一种走法画图:

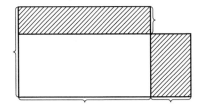

原速度 ×20%× (原时间 −1) = 原速度 ×1

原时间 =6 (小时)。

再根据第二种方法画图：

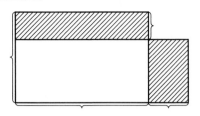

$$原速度 \times \frac{2}{3} = 原速度 \times 25\% \times （剩下时间 - \frac{2}{3}）。$$

剩下时间 =3（小时）。

除了以上提到的这些，求助画线段图的方法在解决和差、和倍、盈亏、找规律等问题中，也是屡见不鲜，在此不再一一列举。

三、数形结合，渗透函数思想，体会数量变化

小学数学虽然没有涉及函数，但已经开始慢慢地渗透函数思想了，为初中数学学习打好基础。如用数对表示平面图形上的点，点的平移引起数对的变化，而数对变化也对应了不同的点。此外，六年级下学期学习的比例知识，也让学生通过描点连线来表示正比例函数的图像，发现只要是正比例关系的式子，在坐标图中就是一条直线，从而体会图形与函数密不可分的关系。

以上谈到的图形在小学数学中运用的内容，足以让教师更加重视"数形结合""以形辅数"，充分引入图形，发挥其在教学中的作用。

华罗庚先生这样形容"数"与"形"的关系："数形本是相倚依，焉能分作两边飞，数缺形时少直观，形少数时难入微，数形结合百般好，隔裂分家万事休。"

作为基础教育者，我们应该好好体会其中的含义。

四、数形结合，助推数学概念的理解

在学生学习三角形、梯形等面积计算时，教学过程一般是学生经历面积公式的推导之后，运用面积公式解决图形面积问题。那么，为什么学生在解

题过程中，常常会把三角形面积公式中的"÷2"忘掉了呢？是否可把错误的原因简单地归结为"不细心"？其实，没有那么简单，根本原因在于学生没有很好地理解公式的含义，即使有的学生做对了，他的解题活动也是完全建立在对公式的机械记忆和例题的简单模仿之上。如何使学生在经历面积公式的推导之后，不是机械套用公式解决问题，而是进一步理解面积公式的意义呢？

在教学"三角形的面积"时，学生经历了三角形面积公式的推导，开始独立求下列三角形的面积，提问："你是怎样求的？为什么？"在反馈图1的解题思路时，要求学生说清楚 8×5 求的是什么，在图上画一画，指一指，教师在课件上展示正确的图像，并加以强化。8×5÷2 呢？反馈图2、图3的解题思路，同样强化数与形的紧密结合，以此促进学生理解三角形面积计算的算理，知其然且知其所以然，同时强化"转化"的数学思想方法。

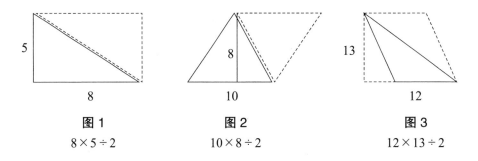

图1
$8 \times 5 \div 2$

图2
$10 \times 8 \div 2$

图3
$12 \times 13 \div 2$

数形结合思想是充分利用"形"把一定的数量关系形象地表现出来。即通过作一些如线段图、几何面积图或集合图来帮助学生正确理解数量关系，使问题简明直观，培养学生的形象思维。恩格斯指出："纯数学的对象是现实世界的空间形式和数量关系。"因此，在教学实践中，运用数形结合思想进行教学，即把题中给出的数量关系转化成图形，由图直观地揭示数量关系，有利于活跃学生的思维，拓宽学生的解题思路，提高学生的解题能力，从而促进学生的智力发展。

数形结合思想可以说是学生建构知识的一根拐杖。有了这根拐杖，学生才能走得更稳、更好。实践证明，抽象的数学概念和复杂的数量关系，借助图形使之形象化、直观化、简单化。数形结合思想在数学教学，尤其是小学数学教学中起着十分重要的作用。

（甘肃省会宁县新添乡中心小学　李彩霞；会宁县东关小学　温志旺）

激发学生兴趣，打造数学高效课堂

——课堂实践反思

全面推进素质教育是当今学校教育的发展方向，数学教学活动必须建立在学生认知发展水平和已有知识经验的基础之上。打造高效课堂是提高数学课堂教学质量的关键。教师在教学时既不能跟着感觉走，又不能简单地把高效理解为"花最少的时间教最多的内容"。教学效益不同于生产效益，不是取决于教师教多少内容，教得认真不认真，而取决于学生有没有学到什么或学得好不好。在新课程改革背景下，转变教师的教学观念，树立效率意识，教学中教师要有效地教，学生要有效地学，只有这样，数学课堂才能焕发出生命的活力。

一、激发学生的学习兴趣，调动学习积极性

美国心理学家布鲁纳认为，对于学习的最好激发乃是对所学材料的兴趣。有一项研究表明，影响学习成绩的各种因素的比例为：学习习惯占33%，兴趣占26%，智力占15%，家庭占5%，其他占21%。兴趣的占比仅次于学习习惯，居第二位。由此可见，要想让学生学得积极主动，并取得好的效果，激发学生的学习兴趣至关重要。可以说，兴趣是学好数学的前提和保证。

1.化枯燥为有趣，使比较抽象的内容变得通俗易懂。

不像语文的描述性、美术的直观性、体育的参与性，数学知识原本就比较抽象，各种概念的描述既枯燥又无味。教师在教学中可尽量将书本上的知

识变得生动有趣，以提高学生的学习兴趣。

例如，在学习数或式的计算时，教师要尽量改变枯燥的"满堂灌"的教学方法，可让学生每人准备一张或几张卡片，上面写上不同的数或式。学生可以自由组合，举着自己的卡片到台前，由别的学生说出法则，台前学生表演；也可以不同的小组之间进行比赛。在每堂课上都安排一个或几个这样的小节目，除了能调节课堂气氛，还能更有效地激发学生的学习兴趣，同时，学生对法则、公式、定理等更容易掌握。

2. 巧设教学情境，使学生沉醉于课堂。

人的思维始于问题情境，问题情境具有情感上的吸引力，能激发学生的学习兴趣和求知欲。学生要有对知识的渴求，也就是求知欲。有了求知欲，学习兴趣就会油然而生。学生对新知识的渴求，想对未知事物的了解，是激发学习兴趣的一个切入点。因此，创设学生学习的问题情境，不但能激发学生的学习兴趣，激起学生的好奇心，促使学生由好奇转化为强烈的求知欲望，而且还能活跃思维，从而尽快地进入最佳的学习状态。

例如，在学习"相似形"这一章时，我是以一个生活中的实例引入的：矩形台球桌 $ABCD$ 的尺寸为 $2.7m \times 1.6m$，位于 AB 中点处的台球 E 沿直线向 BC 边上的点 F 运动，经 BC 边反弹后恰好落入点 D 处的袋子中，则 BF 的长度为_____m。

这是学生感兴趣的打台球的例子。同时，此题还含有物理知识，学生就更感兴趣了。

二、多种途径努力提高学生的课堂参与度

学生对数学学习有了兴趣，有了求知欲，这是迈向成功的第一步。但这还远远不够，需要学生在课堂上积极参与、广泛参与、深度参与。

1. 师友合作，小组交流。

一个人的力量是有限的，而集体的力量大无边。教师将学生分成"学友""学师"两类，组成小组。教师课堂上布置一些基础任务，学友先自己独立思考，然后学师帮助学友完成，接着小组内交流讨论，最后教师点拨。

经过这样的循环，对于基础知识，所有学生都能掌握。然后，教师再根据学生的不同情况，出示不同的练习，以达到分层的目的。这样的一节课就打破过去"教师一人表演，全班学生满堂困倦"的局面，每个学生都能参与到学习当中，都有不同的收获。

然而，任何事情都有两面性。教师在课堂上如果只流于"师友互助、小组合作"的形式，热热闹闹地上课，而不注重"师友互助、小组合作"的内涵，学生就没有真正参与到课堂学习中，就不可能有真正的收获，反而比传统教学更可怕。

2.激励评价，让学生感到快乐和进步。

不论是大人还是孩子，他们付出努力之后，都希望得到社会或他人的肯定与赞扬，这是十分自然和正常的。学生的学习也不例外，一个学生如果在努力学习之后，能够得到教师和同学的鼓励或赞扬，就会看到自己的进步，并获得愉悦的情感，从而产生更加强烈的学习和攀登知识高峰的愿望，最终形成努力、进步、赞扬、再努力、再进步的良性循环。这些都需要教师树立正确的教育思想，爱护学生内心深处渴望进步的火花，不要吝惜表扬，而且表扬要及时、适度、得法。良好的师生关系，能使学生更加热爱学习。

课堂上，教师不仅要善于发现并捕捉学生的闪光点和点滴进步，更要不吝啬地甚至有时需要有些夸张的肯定、鼓励、表扬。同时，要鼓励同学之间、师友之间、小组之间互相帮助，互相寻找闪光点。这样，每个学生都能在其他同学面前抬起头，挺起胸，感到自己真的进步了。

3.教给学生学习和思维的方法。

课堂上，教师要求学生不仅要会做题，还要巧做题；不仅会一种方法，还要学习别人的不同方法，最终内化成自己的方法。

例如：已知 $(x+y-5)^2+(x-y-7)^2=0$，求 $(x^2-y^2)+(x+y)^2$ 的值。我们将这个问题分为两个部分：$(x+y-5)^2+(x-y-7)^2=0$ 和 $(x^2-y^2)+(x+y)^2$，经过分析可发现由前面公式得：$x+y=5$，$x-y=-7$；由后面公式得：$(x^2-y^2)+(x+y)^2=(x+y)(x-y)+(x+y)^2$，综合运用整体代入法即可求解，这就是巧做题。

再如：$\lozenge ABCD$ 中，点 E、F 分别在 AB、CD 边上，且 $AE=CF$。

求证：$DE=BF$。

此题有多种解法，引导学生拓展思路，采用不同的解法，从中找出最适合自己的方法。

教师进一步要求：可以师友合作，也可以小组合作，把题目中的条件和结论加以变换，从而变出一道新题，供其他同学做。这样不仅使学生的思路拓展开了，也丰富了课堂内容，极大地提高学生的兴趣和课堂参与度。

总之，作为教学活动的主导者，教师要打造高效的数学课堂，首先必须转变观念，做学生的亲密伙伴，使学生由对数学教师的亲近而对数学产生一种亲和力。同时，想尽一切办法激发学生的数学兴趣，教给学生学习的方法。只有这样，数学课堂才能焕发出生命的活力，我们的教学才能真正有效，学生的学习才会真正有效。

（北京平谷区山东庄中学　王德军）

同课异构见学法

—— 对两位教师教法的对比反思

为更好地开展新一轮课程改革实验，促进教师专业水平成长，助推区域教育均衡发展，河南省罗山县教育体育局开展了"同课异构"研讨活动。让我记忆犹新的是人教版小学数学四年级下册第三单元"运算定律与简便计算"例1的"简便计算"课例。两位执教教师设计构思不同，在交流评议过程中各抒己见，研讨氛围甚浓。

A 教师的教学片段

1. 创设情境，提出问题。

（1）创设情境，收集信息。

师：阅读是黄老师的一大爱好，你们知道老师最喜欢看什么吗？老师最喜欢看《新教师》这份杂志。前天，老师从网上购买了 2011 年的合订本（课件展示），你们从中获得了哪些数学信息？（指名回答）

（2）依据信息，提出问题。

师：根据获得的信息，你能提出哪些数学问题？（关注问题多样化）今天我们就来解决这个问题。

（板书：还剩多少页没看？）

2. 尝试探索，解决问题。

（1）尝试列式解答。

师：对于这个问题，你怎样列式解答？自己先独立思考，再在小组中交流你的想法。（教师巡视指导点拨，了解信息。）

（2）展示交流评价。

师：我发现我们班的同学真聪明，很快用这么多的方法解决了这个问题。谁愿意把自己的成果展示给同学欣赏？

①展示成果。

234-66-34	234-（66+34）	234-34-66
=168-34	=234-100	=200-66
=134（页）	=134（页）	=134（页）

②交流评价。

师：这几种算法对吗？都是怎样计算的？你喜欢哪种方法？

（3）优化算法。

B 教师的教学片段

1.创设情境，提出问题。

（1）创设情境，收集信息。

师：阅读是李老师的一大爱好，你们知道老师最喜欢看什么吗？老师最喜欢看《新教师》这份杂志。前天，老师从网上购买了2011年的合订本（课件展示），你们从中获得了哪些数学信息？（指名回答）

（2）依据信息，提出问题。

师：根据获得的信息，你能提出哪些数学问题？（关注问题多样化）今天我们就来解决这个问题。

（板书：还剩多少页没看？）

2.尝试探索，解决问题。

（1）尝试列式解答。

师：对于这个问题，你怎样列式解答？自己先独立思考，再在小组中交流你的想法。（教师巡视指导点拨，了解信息。）

（2）展示交流评价。

师：我发现我们班的同学真厉害，很快用这么多的方法解决了这个问题。谁愿意分享自己的成果？

① 展示成果。

$234-66-34$ $234-(66+34)$ $234-34-66$

$=168-34$ $=234-100$ $=200-66$

$=134$（页） $=134$（页） $=134$（页）

② 交流评价。

师：这几种算法对吗？他们都是怎样计算的？（学生质疑、相互交流评价）

（3）依据算法，理解算理。

师：请看这位同学依据信息列出的算式，共有三种计算方法，分别先算什么，再算什么呢？（依据生活事理说明计算顺序）

（4）观察特点，明确算法。

师：观察算式特点，你能用数学语言说一说他的计算过程吗？你喜欢哪种方法？

（5）合作交流，提升知识。

师：一个数连续减去两个数，怎样计算比较简便？

教学反思

通过本次"同课异构"活动，两位教师教授同一节课内容，但在细微之处的不同设计引发了我的思考。在交流评议中，与会教师也明白了"以教定学"的课堂，就是以教师为中心，教材为中心，教学仅停留在知识层面，学生学到的是死知识，很难谈到能力与素养的提高，课堂只是"传声筒"式的课堂，很难富有生命活力。"以学定教"将课堂从以"教"为中心真正转到以"学"为中心，从而使"以生为本"成为可能。它将学生从被动式地接收知识中解放出来，促使学生主动去学。B教师的教学设计，虽然只有几处细小的改动，但是教学理念却不同。A教师以师为本，"以教定学"；B教师却是以生为本，"以学定教"，二者的教学效果迥然不同。

1. 潜心研究教材是"以学定教"的前提。

教材是构成教学活动的重要因素，它是教学内容的载体，也是教师教与学生学的纽带。教材既为学生的学提供了广阔的空间，也为教师的教提供了极有利的丰富资源。要想设计好一节课，达到"以学定教"，实现高效课堂，潜心研究教材是前提。A 教师做教学设计时没有深入钻研、研究教材，没能吃透教材的编排意图，认为本节课的目的是借助现实生活情境，让学生从数学的角度去思考，用算法多样化解决问题。实际上，本节课教材编排的真正意图，不再是仅仅给出一些数值计算的实例，让学生通过计算发现规律，而是结合学生熟悉的问题情境，帮助学生体会简算的现实背景，使问题解决策略的多样化与计算方法的多样化融于一体，培养与提高学生灵活、合理选择计算方法的习惯和能力，理解"一个数连续减去两个数，可以改为减去两个数的和"的算理。

2. 有效的教学方法是落实"以学定教"的关键。

教学方法是教师和学生间传授教材内容的桥梁。再好的教育素材，再重要的知识内容，没有好的教法驾驭，课堂教学也难以取得实效。"以学定教"的教学设计，首先要明确学生学什么、怎样学，有效地设计教学方法是关键。就本节课而言，教材主要着眼于通过不同解法比较，使学生认识一个数连续减去两个数，可以改为减去两个数的和。B 教师的教学设计增添"依据算法，理解算理"这一环节，让学生说一说先算什么，再算什么，其目的是让实际问题的生活背景成为学生理解简便计算方法及其算理的经验支撑。增添"观察特点，明确算法"这一环节，用数学语言说一说计算过程，喜欢哪种方法，学生可自主选择，依据有关知识经验对算式变形进行简算，或按运算顺序进行计算。虽然只是较小细节的变动，但充分体现了"以学定教"的教育理念，对发展学生思维的灵活性，提高学生分析问题、解决问题的能力，有一定的促进作用。

（河南省罗山县教育体育局教学研究室　鲁家宝）

充满生活气息的课堂更具魅力

——有感于生活化的教学课堂

新一轮数学课程改革十分强调数学与现实生活的联系。《义务教育教学课程标准（2011年版）》指出：数学教学必须从学生熟悉的生活情境和感兴趣的事物出发，为他们提供观察和操作的机会。在教学中，从生活实际出发，让教学过程富有生活气息，能使学生体会到数学就在身边，体验到数学的乐趣，感受数学的魅力。

一、生活化的数学课堂，能激发学生学习数学的兴趣

例如，教学"圆的认识"时，先让学生说一说现实生活中哪些物体必须做成圆形。学生纷纷说出：自行车的轮子、下水道的井盖、飞镖的靶子等。那么，为什么要把它们设计成圆形而不是其他形状？真是一石激起千层浪，学生争先恐后地说出设计理由：自行车的轮子做成圆形，走起来比较平稳；下水道的井盖做成圆形，立起后怎么移动也不会掉入井里；飞镖的靶子做成圆形，每圈的各个地方距中心的距离一样，比较公平。这时，教师及时引出学习内容："这些好处都与圆的特点有关系，等学了'圆的认识'后，你们就会更明白这些物体为什么要做成圆形的。"由于有了这种联系生活实际的引入，学生学习圆的知识变成了解决问题，以满足自己的心理需求。在兴趣盎然的学习过程中，他们会时时闪现出创新的火花。

生活化的数学课堂就是将数学知识"退回生活"，让学生在现实生活中解决生动具体的实际问题，积累数学活动经验。在此基础上，再引导学生从

现实生活进入数学，理解、概括数学知识。因此，充满生活化的数学课堂，就是要让学生在"生活"和"数学"的交替中体验数学，在"退"和"进"的互动中激发学生主动学习的愿望。

二、生活化的数学课堂，能增强学生对数学的情感

例如，教学"按比例分配"时，我不采用教材的例题，而是讲述了一个发奖的生活片段。我说："张主任把10个练习本奖给王翔和嘉欣同学，你们说怎样分配最合理？"学生马上答道："平均分，每人5本，意见统一。"我又继续说："如果王翔获得了一等奖，嘉欣获得了二等奖，这样分还合理吗？应该怎样分？"学生一致认为不合理，一等奖应该多分一些，于是得到王翔和嘉欣的获奖本数：9本、1本，8本、2本，7本、3本，6本、4本。我启发道："根据生活实际，哪种情况最可能？"学生一致认为6本和4本的分配方法比较好，我马上追问："这是怎样分配的？"经过独立思考，合作交流，学生得出以下结论：这是一种不平均分；按分数分的，王翔分到总本数的 $\frac{6}{10}$（$\frac{3}{5}$），嘉欣分到总本数的 $\frac{4}{10}$（$\frac{2}{5}$）；按份数分的，把10本平均分成10份，王翔分到其中的6份，嘉欣分到其中的4份；按份数分实际就是按比分，王翔和嘉欣分到的本数比是 $6:4$，也就是 $3:2$。通过围绕不平均分实际上是怎样分的讨论，学生真正感受到数学知识来源于生活实际，在感悟问题的同时沟通了新旧知识的联系，把按比例分配的解答方法自然迁移到旧知识中。在接下来的研究中，学生学习兴趣高涨，研究气氛浓烈。

著名教育家华罗庚说过："人们对数学早就产生了枯燥乏味、神秘难懂的印象，成因之一便是脱离实际。"生活中充满数学，在现实生活中寻找数学素材，让数学贴近生活，用具体、形象、可感的事例来解释数学。因此，教学中要让知识巧妙结合学生生活，创设恰当的问题情境，将数学知识寓于生动活泼的问题中，增强学生对数学的情感。

教学中，教师要找准数学知识与生活气息的结合点，引导学生感悟数学问题，在自主探究的过程中，体验学习的快乐，激发创新的欲望。

三、生活化的数学课堂，能激发学生的自主创新意识

例如，当教学完百分数的应用题后，我设计了这样一道题："购物中心购进数量相同的海信和长虹两种彩色电视机。海信彩电畅销，提价 20%；长虹彩电滞销，降价 20%。当卖完后，购物中心是赚了还是赔了？"此时，课堂气氛十分活跃，学生各抒己见。有的说："赔了。"有的说："赚了。"有的说："不赔不赚。"随着学生的争论，他们的思维不断深入，学习欲望大增，学习兴趣高涨，最后达成一致协议：先算出两种电视机的原价（先求单位"1"），然后再比较是赔是赚。通过这样的活动，学生不但掌握了知识点，更重要的是展开了想象的翅膀，体验到知识学习的快乐，掌握了技能，激发了自主创新意识。

数学来源于生活，又服务于生活。将数学问题生活化，有利于缩短数学与生活的距离，既满足学生学习和理解数学知识的需要，又让学生体会数学的价值，培养数学兴趣。因此，在教学中，我们要尽可能地让数学课堂生活化，加深学生对生活中的数学问题的理解，让学生置身日常生活来学习知识，实现知识和日常生活的交融。这样既能激发学生的求知欲，又让学生感受到数学无处不在，体会到知识来源于生活，进而乐此不疲地学习。

（山东省枣庄市市中区实验小学　王慧）

在数学教学中与学生互动

——互动的课堂更有趣

众所周知，教学活动是师生之间的双边活动。生活中充满着数学，数学教师要善于从学生的生活中抽象出数学问题，使学生感到数学就在自己身边，从而产生兴趣。下面是我在实践中的一些思考。

▌课例回放 1▌

比如，"比的意义"讲完之后，可让学生了解自己身上的许多有趣的比：体重与血液之比大约为 13∶1，身高与脚长之比大约为 7∶1。知道这些有趣的比有什么用途呢？如果想知道自己血液的重量，只要称一称自身的体重，马上就可以算出来。如果你当了公安人员，凭借坏人的脚印就可以估计到他的身高。再如，学完了利息的计算公式：利息 ＝ 本金 × 利率 × 期数，学生可把节省的钱存入银行，并且预算一定时间后得到的利息。

数学发展的历史告诉我们，数学起源于社会实践，又在实际应用中不断发展。马克思指出："一门科学只有成功地应用了数学时，才算真正达到了完善的地步。"

教学反思

实践表明，在教学中，我们恰当地增添生活教材，贴近学生生活，有利于设置互动情境，激发学生的求知欲望和学习数学的兴趣，培养其独立思考、积极探索的良好习惯。

当然，学生主体作用的发挥需要教师更好地发挥主导作用。没有教师的教育创新，没有教师创造力量的充分释放，很难谈得上学生的创新意识和创新能力。但教师应讲其精华，讲其所需，不是罗列、复述知识的照本宣科，而是通过讲，教会学生思考问题的方法，培养学生分析问题的能力。当然，这种帮助主要是指引、点拨和鼓励，使学生有信心朝着目标继续探索。打个比方，应当像妈妈教孩子走路那样，既不是抱着不放，也不是放任不管，走歪了指一下，跌倒了扶一下，不走了哄一下，真走不动了，这次训练就完成了。

课例回放 2

下面这个例子中，我创设了互动情境，充分体现学生的自主性，使得学生的积极性得到极大的提高。

占位子问题：

将编号为1、2、3、4、5的5个小球放进编号为1、2、3、4、5的5个盒子，要求只有两个小球与其所在的盒子编号相同，有多少种方法呢？

1. 仔细审题：转换题目之前先让学生仔细审题，从特殊字眼小球和盒子都已"编号"着手，清楚这是一个"排列问题"，然后对题目进行等价转换。

2. 转换题目：在审题的基础上，为了激发学生兴趣，进入角色，我将题目转换为：让学号为1、2、3、4、5的学生坐到编号为1、2、3、4、5的五把椅子上（已准备好放在讲台前），要求只有两个学生与其所坐的椅子编号相同，有多少种坐法？

3. 解决问题：我再选另一位学生来安排这五位学生如何坐（学生争着上台，积极性已经得到极大的提高），班上其他同学也都积极思考（充分发挥学生的主体地位和主观能动性），努力地出谋划策。不到两分钟，同学们有了统一的看法：先选定符合题目特殊条件"两个学生与其所坐的椅子编号相同"的两位同学，有 10 种方法，让他们坐到与自己编号相同的椅子上，剩下的三位同学不坐编号相同的椅子有 2 种排法，最后根据乘法原理得到结果为 $2 \times 10 = 20$（种）。

4. 小结：我让学生互相讨论，根据自己的分析对这一类问题提出一个好的解决方案。（课堂气氛又一次活跃起来）

教学反思

对于占位子问题，关键是抓住题目中的特殊条件，先从特殊对象或者特殊位子入手，再考虑一般对象，最终解决问题。整堂课气氛非常活跃，同学们积极参与，教师适时稍做提示。这些过程通过揭示知识的产生、发展，给学生以思考、知识迁移的机会，强化实践环节对学生思维能力的培养。

在教学中，我们注重学生的主体作用，重视师生间的情感交流，摆好师生的位置，与学生互动，采用启发式、开放式、研究式的方法，以达到"教学相长"的境界。

（江苏省高淳县永丰中学　王丽霞）

同中辨异，异中求同：让学生在比较中学习数学

——听苏州名师陈惠芳执教"认识分数"一课有感

人们对于客观事物的认识，几乎都是在比较中实现的。俄国教育家乌申斯基说："比较，是一切理解和一切思维的基础。"小学生的数学学习常常离不开"比较"。不久前，我有幸聆听了张家港市教育局教研室陈惠芳老师执教的苏教版三年级下册"认识分数"一课。陈老师利用学生熟悉的学习材料，精心设计数学活动，充分让学生进行比较，师生之间进行了一次愉快的学习之旅。结合现场教学实录，我来谈几点学习体会。

片段一：比较，让新旧知识架起桥梁

（回顾旧知）

师：同学们，我们已经学过分数，谁来说一个分数，并说说它表示什么意义？

（学生汇报、交流，突出把一个物体进行平均分。）

师：通过学习我们知道，把一个物体平均分成几份，每份就是它的几分之一。今天这节课，我们继续来研究分数。

（引出新知）

师：瞧！猴妈妈拿来了一盘桃（4个），要平均分给几只小猴（4只），问题是：每只小猴分得这盘桃的几分之几？

生：四分之一。

师：你是怎么想的呢？

（让学生独立思考后，指名回答。）

（师生交流，教师课件演示：先把4个桃子看作一个整体，再平均分为4份，每只小猴分得这盘桃的四份中的一份，也就是四分之一。）

（变式练习）

师：猴妈妈又拿来了一盘桃（课件演示），瞧，一共是（8个）。还是平均分给这4只小猴，每只小猴分得这盘桃的几分之几呢？你会帮猴妈妈来分一分吗？

（让学生在练习纸上先分一分，再涂一涂，同桌交流想法。）

生：还是四分之一。

师：为什么呢？

生：这盘桃子被我们平均分成了4份，每只猴子分得的是这盘桃子的四份中的一份，所以还是四分之一。

师：说得真好。那现在猴妈妈拿来了12个桃子，同样平均分给这4只小猴，现在我们看着图，在头脑里分一分，你能很快说出每只小猴分得这盘桃的几分之几吗？

生：我们把这12个桃子看作一个整体，平均分成四份，每只猴子分得的是这盘桃子的四分之一。

师：现在加大难度，猴妈妈又拿出一盘桃子（看不见具体的个数），请大家闭上眼睛，想象它有很多的桃子，平均分给这4只小猴，每只小猴分得这盘桃的几分之几？

生：（齐）四分之一。

（组织比较）

师：刚才我们把一些桃子平均分给4只小猴，还得到了一个分数，现在一起来回顾一下（课件整体呈现以上几种情况），你们有什么发现呢？

生：每只小猴分得的都是这盘桃子的四分之一。

生：以前我们是把一个桃子平均分，现在是把许多桃子看成一个整体平均分。

生：不管盘子里有多少个桃子（4个、8个、12个，还是很多个），我们都可以把它看作一个整体，只要把这盘桃平均分成4份，每只小猴都分得这盘桃的四分之一，都可以用分数四分之一来表示。

师：是的，刚才的分法都是把桃子平均分成4份，每只小猴分得这盘桃子的四分之一，这是它们相同的地方，有什么不同的地方呢？

生：每盘桃子的个数不一样。

生：每只小猴分得桃子的个数不一样。

生：盘子里是4个桃子时，每只小猴分到1个桃子；盘子里是8个桃子时，每只小猴分到2个桃子；盘子里是12个桃子时，每只小猴分到3个桃子。

师：虽然每只小猴分到的桃子的个数不一样，但它们分得的桃子都是这盘桃子的几分之几？

生：（齐）四分之一。

点　评

任何学习都是在学习者已有的知识和认知结构的基础上进行的。原有的认知结构对于新的学习任务是一个关键的因素。学生认识分数是从三年级上册开始的，他们已经知道把一个单个的物体平均分成几份，其中的一份就是这个物体的几分之一。本节课的教学内容是让学生学会认识一个整体的几分之一。这个整体其实就是"单位1"，也就是为五年级要学习分数的意义作好铺垫。从一个物体的几分之一到一个整体的几分之一，是认识分数的一次重大发展。从学生学习的角度来看，学生认识一个整体的几分之一还是有一定困难的。但陈老师合理地安排"猴妈妈分桃"这样一个情境，让学生经历从一个桃子的平均分，渐渐过渡到4个、8个、12个，再到一盘不知道个数的桃子。在学生动眼看、动手分、动脑想的基础上，组织巧妙的比较，让学生畅谈发现。在这个过程中，学生不知不觉地理解了要把这些桃子看作一个整体，对这个整体的认识，不是教师强加告之，而是自然生成。这样的比较，不仅回顾了以前学习的知识，渗透了学习方式，更重要的是，让旧知与新知联结起来，使学生对分数意义的认识上升到一个新的高度。

片段二：比较，让核心概念动态呈现

（理解二分之一）

师：看，现在还是 4 个桃子，如果平均分给 2 只小猴，每只小猴分得这盘桃子的几分之几？

生：二分之一。

师：怎么得到二分之一的呢，谁来完整地说一说？

生：把这 4 个桃子看成一个整体，平均分成 2 份，每只小猴分得其中的 1 份，所以每只小猴分得这盘桃的二分之一。

（随着学生口答，教师演示课件。）

（引导比较）

师：同样是 4 个桃子，为什么上面每份用四分之一来表示，这里每份却用二分之一来表示呢？仔细观察，说说你是怎么理解的？

生：刚才是把一些桃子平均分给 4 只小猴，所以要平均分成 4 份，每份就是这盘桃子的四分之一。现在是平均分给 2 只小猴，所以要平均分成 2 份，每份就是这盘桃子的二分之一。

师：看来我们在思考分数的时候，一定要关注——

生：要关注平均分成的份数。

师：刚才在分桃的时候有什么相同的地方呢？

生：都是平均分，都是把这些桃子看成一个整体。

师：是的，通过刚才的学习，我们看到，不管有几个桃，都可以把它看作一个整体，只要把这个整体平均分成几份，每份就是它的几分之一。

点　评

所谓核心概念，指的是反映对象本质属性的思维形式。针对本节课的教学内容，一方面，要让学生理解"为什么要把许多个物体看作一个整体"，这是认识分数过程中的一个难点；另一方面，就是让学生充分认识到，把一个整体平均分成几份，这是分数产生的重要因素。平均分成几份，每一份就是几份中的一份，也就是几分之一，这是教学的重点与关键所在。如何突出这一重点，陈老师巧妙地组织了比较。从4个桃子分给4只猴子到分给2只猴子，从四分之一过渡到二分之一，很自然地追问学生："同样是4个桃子，为什么上面每份用四分之一来表示，这里每份却用二分之一来表示呢？"这样的比较不仅符合学生的认知规律，更重要的是让学生充分意识到"平均分成的份数"决定着不同分数的产生。此处教学笔墨不多，但恰到好处，真正给学生创造了一个生动、活泼的动态学习过程。

片段三：比较，让知识理解全面深刻

（沟通认识）

师：（课件演示）刚才我们把4个桃子、8个桃子、一盘桃子等看作一个整体，想一想，生活中还可以把什么看作一个整体？

（学生自由讨论、举例，教师适当引导。）

师：生活中，我们可以把很多事物看作一个整体。比如说，把我们班级的人数看作一个整体（课前通过了解知道班级有45人，三年级共有460人，全校共有2700人），那一个学生就占了全班人数的几分之一呢？

生：四十五分之一。

师：那一个学生占了全年级人数的几分之一呢？

生：四百六十分之一。

师：那一个学生占了全校人数的几分之一呢？

生：两千七百分之一。

师：同样的一名同学，为什么占的分数不一样呢？

生：因为人数发生了变化，平均分成的份数不一样了。

师：平均分成的份数，也就是分数中的什么呢？

生：分母。

（正反理解）

师：（出示课件）我们将 12 个小正方体平均分成 3 份，每份是几分之一？每份有几个小正方体呢？

生：每份是三分之一，每份有 4 个。

师：我们将 15 个小正方体平均分成 3 份，每份是几分之一？每份有几个小正方体呢？

生：每份是三分之一，每份有 5 个。

师：比较一下，有什么发现？

生：每份都是三分之一，但每份个数不一样。

师：我们将 15 个小正方体平均分成 5 份，每份是几分之一？每份有几个小正方体呢？

生：每份是五分之一，每份有 3 个。

师：我们将 12 个小正方体平均分成 4 份，每份是几分之一？每份有几个小正方体呢？

生：每份是四分之一，每份有 3 个。

师：比较一下，你又有什么发现？

生：每份的个数相同，但占总数的份数不相同。

师：我们将 16 个小正方体分为 3 份（第一、二层都是摆 5 个，第三层摆 6 个），图中一层的涂色部分还能用分数三分之一来表示吗？

生：不能，因为这 16 个小正方体没有平均分成三份。

师：大家观察得很仔细。在认识分数时，一定要看这个整体是不是平均分，如果是平均分成了几份，那么其中的一份就是几分之一，但每一份的个数不一定相同。

点 评

为理解而教，这是概念教学中很重要的理念。小学生对分数概念的理解，绝不是一次完成的，要经历一个复杂的认识过程。在感性向理性的抽象思维活动中，我们常常要变换材料的非本质属性，提供充分的事物变式让学生感知、比较，不然，学生很难形成真正的理解。此环节中，陈老师很好地利用12个和15个小正方体，让学生通过不同的平均分得到不同的份数，但不同的份数，每份的个数却有可能相同，每份的个数相同，产生的份数却不一定相同。在这样连贯的比较活动中，学生对分数的理解是全面的，是一个有机融合的过程。同时，陈老师还运用了反例，让学生意识到分数的产生一定要建立在平均分的基础上。正是通过这样的比较活动，让学生的思维处于非常活跃的状态，在对比中辨析，在辨析中理解，真正做到"同中辨异，异中求同"。采用这样的教学方式，学生对分数的理解自然是全面而深刻的。

（江苏省苏州工业园区青剑湖学校　赵建康）

无痕：方法在情境中产生，概念在过程中生成

——特级教师徐斌"倍的认识"课堂特色解读

"倍的认识"是苏教版小学二年级下册的内容。该课的教学，主要是结合具体情境，帮助学生初步理解"倍"的含义，能初步解决求一个数是另一个数的几倍的实际问题。特级教师徐斌执教本课时，抓住概念的本质，通过一系列生动有趣的情境和有效的数学活动，让学生充分感知"倍"的意义，逐步理解概念，积累活动经验，熟练掌握求一个数是另一个数的几倍的方法。本课的教学充分体现徐斌老师"无痕教育"理念的三大亮点。

一、创设情境，找准"衔接点"

新课标实施以来，"课堂的本体是儿童的学习，有效的数学学习必然建立在对儿童学习心理准确把握的基础之上"，已成为当下数学教师的共识。让学生在不知不觉中开始学习，是徐斌老师"无痕教育"追寻的基本境界。

课始，徐老师从谈话引入，出示了三个口答题：6 里面有几个 3？ 10 里面有几个 2？ 15 里面有几个 5？学生一下子想到可以依次用 6÷3=2，10÷2=5，15÷5=3 来计算。接着，教师追问：求一个数里面有几个另一个数用什么方法计算？学生自然想到了除法。这样的复习，针对性强，帮助学生理解了两个数之间的联系，唤醒了他们认知结构中与新知相关的旧知，为"倍的认识"作了很好的铺垫。

接着，教师创设了赏花情境图。

当学生数出蓝花有 2 朵、黄花有 6 朵、红花有 8 朵时，教师提出要求：

根据这些信息，你能提出哪些数学问题？目的是帮助学生把目光聚焦到数学学习上来。根据先前的知识经验，学生很快提出求和与求差的实际问题：蓝花比黄花少几朵？黄花比蓝花多几朵？红花比黄花多几朵？在学生自主提问的基础上，教师总结道：其实，比较两个数，除了谁比谁多多少，谁比谁少多少，还有一个方法，今天我们就来学习"倍的认识"。

从新课导入设计来看，徐老师关注、顺应了儿童的学习心理，在新知学习前创设的情境抓住了两个衔接点——复习简单的除法，复习比较两个数量之间的方法——求和或求差，在此基础上引出比较两个数量的另一种方法——倍，显得非常自然、巧妙。这种基于儿童学习心理的数学教学，使新知的生长点建立在学生已有的知识经验和基本活动的经验上，调动学生学习数学的积极心向，为新课的教学奠定了基础。

二、加强比较，关注"训练面"

"教是为了更好地学。"对于"倍"来说，二年级的学生知识储备不是很多。由此，在倍的概念引入时，徐老师除了演示和讲述外，紧紧抓住"比较"，让学生在具体的情境中感知"倍"的含义，帮助学生建立"倍"的概念意义，具体体现在三个层次上。

1. 从教具演示到圈画图形，在比较中感知。

教师根据学生数出的花朵，先把 2 朵蓝花圈在一起，然后把 6 朵黄花排在一起，每 2 朵圈一圈，并指出"黄花有 3 个 2 朵，黄花的朵数是蓝花的 3 倍"。演示操作时，教师不断追问：为什么说是 3 倍？并提醒学生以后说黄花和蓝花的关系时，可以用"倍"来表示，让学生初步感知"倍"的由来。

接着，教师引导学生拿红花与蓝花比较，并邀请学生上台摆一摆，其他学生在书上圈一圈、填一填。操作时，教师要注重思维训练，不时追问：要求红花是蓝花的几倍，就是求什么？学生在动手动脑中，明确了蓝花有 2 朵，红花有 4 个 2 朵，要求红花是蓝花的几倍，就是求 8 里面有几个 2，可以用 $8 \div 2 = 4$ 来表示。通过比较，学生发现不仅黄花和蓝花有倍数关系，红花和蓝花也有倍数关系。相同的是，都把蓝花看作 1 份。

2. 从模仿到变式，在比较中强化。

例题教学后，徐老师通过多层次的比较，强化学生对于"倍"的认识。首先，是1份数不变（即蓝花朵数是2朵），红花的朵数依次变成10朵、4朵、2朵，要求红花朵数是蓝花的几倍，怎样用除法计算，让学生通过计算体会每份数不变，红花朵数增加时，红花是蓝花的倍数也就增加，而红花朵数减少时，倍数也就减少了。特别是当红花有2朵时，红花朵数是蓝花的1倍。通过"1倍"这一特例，回到两个数量比较的出发点——同样多，把"倍比"与"差比"进行很好的沟通与关联，促进学生思维的发展。这也是徐斌老师"无痕教育"的"进—退"之艺术，退到学生的思维起点，进到学生的认知结构。

第二次变式时，1份数（蓝花的朵数）发生了变化，教师把蓝花的朵数从2朵变成3朵、4朵、1朵，要求黄花朵数仍旧是蓝花的3倍，黄花应该怎么变？学生在直观形象的演示中，看到1份数发生变化，要使倍数不变，黄花的朵数也要随着蓝花的变化而变化。不难发现，这些变式练习，教学"无痕"，然而却让学生对于"1份数"（1倍数）有了更深的认识和体悟。

3. 从操作到表达，在比较中理解。

操作是思维的基础和源泉，是学生获取新知的主要途径之一。动手操作能丰富儿童的感性认识，建立清晰的表象，是理性认识的基础。数学的特点是高度的抽象性和概括性，而小学生的思维具有形象性。上述环节中，从1份数不变，总数变化，引出倍数的变化；到1份数发生变化，倍数不变，总数随着1份数变化而变化。在不断的"变"与"不变"中，学生充分感受到"倍"是两个数量相比较的结果，而在不断的操作、观察、比较过程中，学生从具体逐步抽象，把倍的概念与"几个几"以及"份数"关系进行沟通，促进认知结构的形成。在师生"问"与"答"的多边活动中，"倍"的概念也在不露痕迹中得到深化理解，学生体会到数学的神奇魅力。诚如数学家开普勒所说：数学就是研究千变万化中不变的关系。

三、凸显本质，拓展"知识线"

《义务教育数学课程标准（2011年版）》突出强调："数学学习应该是一个思维活动，而不是一个程序操练的过程。数学学习的过程，应该是学生体会数学思维抽象性、逻辑性的过程，应该是学生学会数学思维的过程，应该是学生学会从数学的角度思考问题，进而建立数学模型并作出解释与应用的过程……"对于原来枯燥的"倍"的概念，徐老师有针对性地对教材进行"二度开发"，凸显了"倍"这一概念的本质，激活了学生思维，促使他们深入探究，从而提高学习能力。

首先，练习设计形式多样。从拍手游戏到小棒操作，从观察图片到测量线段、连线填空。这些练习不仅针对性强，而且富有层次感。从设计思路来看，基于儿童学习心理规律的深度洞察是实施"无痕教育"的关键所在。徐老师充分把握儿童学习心理，遵循他们的认识规律，尤其是数学学习的规律。从素材看，除了教材内容，还利用了师生间的拍手游戏，活跃课堂气氛，愉悦师生情感。

其次，知识方法同步发展。纵观对"倍"的前后认识过程，除了教师的示范演示，大多是学生的动手操作、观察、语言交流、对话表达，从动作思维过渡到形象思维，再从形象思维发展为逻辑思维，体现了由浅入深、由扶到放、由具体到抽象的过程，不断内化对"倍"概念的理解程度，关注了概念的产生、形成和发展，体现了知识与方法的同步发展。另外，徐老师关于学生对倍的认识的三次提问，分布在新课开始、新课结束以及巩固练习之后的三个环节，很好地帮助学生对"倍"这个概念的理解由粗浅的感性认识上升到"数学化"的理性认识，促进学生积极主动地从经历走向"经验"，及时积累和丰富数学活动经验。

再次，数学思想蕴藏其中。徐斌老师一直认为，在数学教学中实施"无痕教育"，能使学生有机地提升数学思想。纵观整节课，他除了采用"比较"这一思想方法外，还有机渗透了抽象、数形结合、集合、对应、模型等数学思想方法。尤其是测量线段的练习，课件演示了从红带子、绿带子图逐渐变窄并渐变为线段图时，凸显了倍概念的本质特征——绿带子是红带子的几倍，与带子的宽、窄没有关系，只与它们各自的长短有关系。线段图的精彩呈现，为高年级学习用乘、除法运算解决实际问题埋下伏笔。难怪有学生课末总结道：把一个数量看作 1 份，另一个数量有这样的几份，就是几倍。还有的学生说：倍跟"几个几有关系"。

基于上面的思考，我们似乎可以这样说：徐老师抓住了概念教学的规律，从新旧知识的衔接点入手，为学生确立了合适的学习起点，注重比较，巧妙训练，于无痕的教育中，让方法在情境中自然产生，让概念在过程中自觉生成，有效构建知识网络，发展了数学思想，提升了学生的思维品质。

（江苏省张家港市教育局教学研究室　陈惠芳）

行走在数学与儿童之间

——优秀青年教师季国栋"解决问题的策略——倒推"一课教学赏析

在 2013 年江苏省"杏坛杯"苏派青年教师课堂教学展评活动中，我有幸聆听了江苏省启东实验小学季国栋老师执教的"解决问题的策略——倒推"一课。他从学生喜闻乐见的游戏导入，依托学生熟悉的故事素材，精心组织课堂教学，引导学生在具体的问题解决中体悟和感受"倒推"策略的特点与价值，联系生活实际，让学生充分累积解决问题的经验，培养学生不断追问的思维习惯，提高表征问题的能力和问题解决水平。他凭借新颖的设计、清晰的思路、浓烈的数学味，悠然地行走在数学与儿童之间。

一、牵手儿童游戏，萌发策略

课堂的本体是儿童的学习，有效的学习必然建立在儿童学习心理深度洞察的基础之上。依据小学生的心理特点和学习规律，游戏是他们熟悉且喜欢的一种活动，如何在游戏中蕴藏数学知识，自然渗透"倒推"的策略，季老师颇费了一番心思。

新课伊始，季老师从简单的数学游戏——"小猫钓鱼"入手，出示右面的图，要求学生思考：哪只小猫钓到了鱼？

按照常规的思考方法，

哪只小猫钓到了鱼？

人们往往从猫去找鱼，但学生经过观察，认为猫有 4 只，一只只顺着钓鱼线去找，颇费时间。而鱼只有一条，如果从最后的结果鱼去找开始的那只猫，就显得比较方便。季老师引导学生发现"顺着找麻烦，倒着找或许更准确、更加方便"。尽管教材为我们提供了精心选择的课程资源，但季老师在领会教材编写意图的基础上，还是大胆地对教材进行了一定的加工和改造，使"教材"真正成为"学材"。"小猫钓鱼"这一学习素材，学生熟悉且感兴趣，教者充分借助形象直观的图示，引发学生的认知冲突，围绕解决"哪只小猫钓到了鱼"这个问题，充分调动学生的学习积极性。当学生运用传统的思维方法、问题解决经验来解决新问题时，又遇到了新的问题，引起学生学习心理的不平衡，本能地萌发运用新的策略——"倒过去想"这种解决问题的方式。

可见，"游戏"的设计是新课学习的准备。这份"准备"基于儿童学习的视野，不仅是在情感和兴趣上的，如果"准备"中还蕴含所教内容的深层次联系，为后面倒推策略的深入学习埋下伏笔，那就有了理性的意味。虽是成人不足为奇的一张图画，却是学生喜闻乐见的经典建模之基。

二、关注问题解决，提炼策略

波利亚指出："学习任何知识的最佳途径是由自己去发现，因为这种发现，理解最深刻，也最容易掌握其内在规律、性质和联系。"经验作为存在于个体头脑中无法直接观察的心智表征（或者心智结构），是属于个人的。正因为经验的内隐性，所以教者便难以把握。因此，新课展开时，倘若通过恰当的问题情境，唤醒、激活这种内隐的主体性经验，将有助于学生对问题解决策略进行自觉的意义构建。

针对本课的教学内容，季老师从两个方面有序展开：数学基础知识（什么是倒推？怎样倒推？如何运用倒推策略解决实际生活问题？）和数学思想方法（比较、符号、数形结合、模型等）。这两条线索清晰、明快，帮助学生去发现、思考，从而使本课教学定位丰富、饱满。

例如新课教学时，教者自主创编教学内容，创设了"秀才请客"这一故事情境。

观察情境图后，季老师启发学生思考：你打算怎么去解题？学生有了准备题的问题解决经验，一致认为从最后一幅图去考虑。但是，与"小猫钓鱼"比较后，学生发现这个故事中客人人数的变化过程比较复杂。教师建议大家先整理信息，再进行全班交流。

生1：一些客人　走了一半　又走了10位　走了一半　还剩2位。

生2：　　　÷2　　　　　−10　　　　÷2

（　　）×2　（　　）+10（　　）×2（2）

根据整理的信息，学生列出算式为：（2×2+10）×2 。教师追问：为什么题目中"走了一半客人"，算式中却用"乘以2"？"又走了10人"，但算式中"加上10"？以此引导学生得到顺着整理信息，能看出事情的变化过程，但解决问题时，要倒过去想，这就是"倒推"的策略。

至此，教者并不满足于学生初次尝试的成功，他把上面的故事情境进行改编：把第二、三幅中的条件交换位置，让学生继续探究，思考"原来已经来的客人还是 28 人吗？"一石激起千层浪，学生在上面解决问题的基础上，采用符号和箭头表示事情变化的过程：

生：（　　）÷2　　（　　）÷2　（　　）－10（2）

因此，列式为：（2+10）×2×2=48（人）。

"秀才请客，同样是两次走了一半，一次走了 10 位，为何原来客人的人数不同呢？"看似简单的一个问题，却让学生把问题解决聚焦在事情的依次变化过程上。学生经过观察、比较后悟出：原来事情发生的顺序变化了，解决问题时要倒过来想，列式也变化了，人数自然就不同。"那么，运用倒推的策略要注意些什么呢？"教师的及时追问，帮助学生更好地理解了"顺着整理信息，倒着想"的问题解决策略。

众所周知，问题表征是人们在解决问题时所使用的一种认知结构，具有多种形式。研究表明，问题表征的质量影响问题解决的难易程度，甚至是问题能否成功解决的关键。在解决上述两个问题时，季老师大胆放手，让学生根据游戏获得的初始经验，自然地想到把故事情境"数学化"，依据自己对情境图中数量关系的理解，用个性化的信息整理方法，先尝试把题中复杂的数量关系表征出来。第一次，学生把秀才请客的问题情境与小猫钓鱼进行比较，体会到顺着整理信息的必要性及符号表示的简洁性；第二次，学生发现，当事情发生的顺序变化后，得到的结果不同，对顺着整理、倒着想的方法有了更深的理解。因此，学生逐步经历了文字整理、符号表示、模型构建等倒推策略的形成过程，对解决问题的过程进行自觉回顾与反思，对用符号简洁地抽象这个过程达成共识，初步提炼出用倒推策略解决问题的一般方法。

三、链接儿童生活，运用策略

学生的数学学习是一个建立在已有经验基础上的不断自我建构的过程。对于策略的学习，不是一蹴而就的，也不是简单的"搭积木"的过程，而是一个生态式"孕育"的过程。利用故事大背景，秀才请留下的两位客人喝酒，从酒量的不等到均分，由原来一个量的变化自然延伸到两个量的同时变化。在初步理解"倒推"策略后，季老师出示了教材例题，让学生运用"倒推策略"尝试解决。

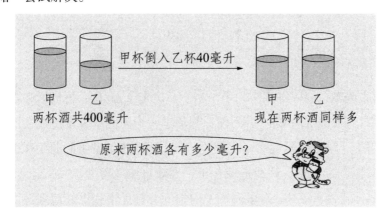

在学生独立练习的基础上，季老师让学生进行交流反馈。展示中，教师选择了三份有代表性的作品。

1. 采用倒推的策略进行解答。

现在：400÷2=200（毫升）

甲：200+40=240（毫升）

乙：200-40=160（毫升）

2. 画了线段图表示，再列式解答，运用和差问题来解决。

40×2=80（毫升）

甲：（400+80）÷2=240（毫升）

乙：（400-80）÷2=160（毫升）

3. 先列表整理信息，再列式解答：

	甲	乙
现在（毫升）	200	200
原来（毫升）	240	160

甲：200+40=240（毫升）

乙：200-40=160（毫升）

从学生的认知起点看，他们并不是头脑空空地来到课堂的。在正式学习"倒推策略"以前，学生已经有了列表整理、画图等解决问题的直观经验、直观感受。因此，对于这三种不同的解决问题的策略，季老师让学生进行比较，"解决喝酒问题时，你觉得哪个好理解？"（发生了几次变化？是怎样变化的？结果怎样？）让学生展现思考过程，自主提问，交流收获体会，表现创造潜能，最后在多种策略的比较中优化策略，逐步内化为自身的活动经验和问题解决经验，从而提升数学素养。

同时，季老师还加强了题组比较，让学生依据条件判断哪些问题适合用倒推策略进行解决，让他们在判断中克服思维定式，发展数学思考，在审题、理解与辨析中逐渐明白：已知原来求现在，顺着变化过程想就行了；已知现在求原来，就要用倒推策略解答，进而把握倒推策略应用的模型特征——已知现在，要求原来。

最后，教师用"小明生活中的时间问题、路线问题、集邮问题"的解决，贯通课内与课外，让学生链接生活实际，主动地从"经历"问题解决的过程走向累积问题解决的"经验"，提高运用策略解决问题的能力，形成积极的情感体验。

小明的生活

1. 时间问题：

　　小明穿衣要 2 分钟，刷牙洗脸要 3 分钟，吃早饭要 10 分钟，步行到校要 15 分钟。如果要在早上 8 时到校，那么小明最迟在什么时候起床？

2. 路线问题：

　　小明从家去上学，先向东走到大桥，然后向东南走到桃园，再向东走到学校。小明放学回家走的路线是怎样的呢？

3. 集邮问题：

　　小明、小华和小红都是集邮爱好者。他们共有邮票 120 张，小明送给小华 13 张，小华又送给小红 25 张，结果他们邮票的张数同样多。他们原来各有多少张邮票。

不难发现，本来枯燥单调的问题解决，教师利用针对性强、富有层次的练习，从"倒推策略"出发，有效拓展，从一个量的变化到两个量的变化，再到三个量的变化，由易到难拾阶而上，引导学生分析数量关系，厘清变化过程，在信息的整理与分析中不断认识、掌握倒推策略的本质特征，并通过独立思考、小组交流、全班交流、对话思考，关注学生不同策略的尝试体验，让学生在不断的分析、观察、比较、调整中体验到数学思考的价值，灵活掌握倒推策略解决问题的方法，适时渗透数学思想，启迪学生智慧。

有人说，数学可以在人的内心深处培植理性的种子，让你拥有一颗数学头脑，学会数学地思考。诚哉斯言！季老师的数学课，站在儿童视野来设计教学流程，把学习素材置于学生熟悉的故事情境中，不断诱发认知冲突，让学生在解决实际问题中萌发策略意识，提炼"倒推"策略，熟练运用策略，激活数学式地思考，体验数学学习的快乐。这样，学生收获的，不仅仅是一种解决问题的策略，更是对数学学习的浓厚兴趣、积极的探索精神和鲜活的数学学习经验。

（江苏省张家港市教育局教学研究室　陈惠芳）

重模型建构，展思想魅力

——对青年名师张齐华"方程的意义"一课教学的解读

苏教版数学五年级下册"方程"一课的教学，是在学生已经认识了等式，以及"用字母表示数"的基础上编排的。张齐华老师在执教本课时，从轻松愉快的谈话入手，弱化方程的形式化表达，通过具体情境的领悟，重锤"等量关系"这个节点，让学生认识到：方程是一个从现实生活到数学的提炼过程，一个用数学符号提炼现实生活中的特定关系的过程。他充分抓住方程的本质，重视模型建构，彰显方程思想的魅力。我们不妨来分享其中几个精彩的片段。

片段一：轻松谈话，揣摩方程雏形

五年级学生在学习"用字母表示数"后，对于含有字母的式子相对熟悉，已经接触到了未知数。但如何在"已知数""未知数"之间建立等量关系，张老师通过轻松幽默的谈话不着痕迹地娓娓道来。

课始，他进行了猜数字的游戏，从猜爸爸的年龄、爸爸存折里的钱，到猜台下听课教师的人数，让学生一下子明白什么是未知数。通过"已知数与未知数的比较"，学生自己顿悟：如果遇到未知数，可以通过探索，使它变成已知数。接着，他巧设问题，让学生在猜教师的年龄时，依据不同的数学信息，比较、筛选、近逼，揣摩方程的雏形。

"学生的年龄是 11 岁，"张老师提供信息，"如果把我的年龄减去 20 岁，还要比他大。你能确定我的年龄吗？"学生认为不能确定。张老师又说："如果把我的年龄减去 30 岁，就要比他小。"学生认为："还是没法确定，可能是 36 岁，也可能是 37 岁。"教师顺着学生的思维，故意说："这样说也不行，那样说也不行，你们到底想要知道什么？"学生纠正道："你得告诉我们，你的年龄和他的年龄之间到底相差多少岁。"学生在真实情境中自觉思考着。于是，教师提供第三条线索："如果把我的年龄减去 25 岁，正好和他相等。"学生齐声回答道："36 岁！"教师马上追问："刚才的三句话，同样都告诉了'我的年龄'和'他的年龄'之间的关系，为什么前两回都不行，这回却行了呢？"学生的注意力马上集中在这三条信息上。仔细观察这三句话，学生才发现："前两个都是大于号或小于号，而最后一个才是等于号。""是啊，可别小看这个等号，正是它，帮助我们在未知数 x 和已知数 11 之间建立了某种等量关系。像这样在未知数和已知数之间建立的等量关系式，比如 $x-25=11$，数学上就叫方程。"此刻，方程意义的得出，可谓水到渠成。

把教育意图隐蔽起来，是教育艺术十分重要的因素之一。如何让学生自然而非人为地想到"等量关系"？其实，张老师与学生的谈话看似漫不经心，实则匠心独运。一个猜年龄的话题，隐藏着"大于、小于、等于"三种数量关系，而只有"等于"时，才能准确判断张老师的年龄。此刻，学生由于经历了观察、比较、判断、猜想，对于"等量关系"已有了初步的理解和感受，而对于"$x-25=11$"这个方程也就悄然接受了。

片段二：天平演示，重视模型建构

方程的本质特征是等量关系，核心在于建模、化归。无疑，从生活实际引入的方程，学生已观察到了其"形"而未触及"核"。要建构方程的模型，天平无疑是最直观的学习工具。因此，张老师借助天平的演示，让学生在真实情境中体会等式，并且在观察、争辩、对话、反思等一系列活动中，丰富感知，挖掘思维深度，拓展思维广度，顺利地建构模型。

首先，张老师出示了精心设计的四幅天平图（略），要求学生认真观察，小组讨论，哪些水果的重量已经知道，哪些还没有。学生观察时，不自觉地运用"方程的两个关键词（含有未知数，等式）"进行判断。"2 号天平的两边没有平衡。""3 号天平两种水果的重量都是未知数，没有已知数，所以还是不行。""未知数没有和已知数建立等量关系，所以也不行。"……不难发现，从观察、判断到得出结论，学生不断地产生思维碰撞，迸发着灵感火花，经验在重组，思维在提升。

正当学生经历观察、描述、争论刚产生"认同感"时，张老师又提出了另一个问题：离开直观的天平图，你还能判断出一个式子是不是方程吗？随即又出示了 8 个式子（略）。

显然，学生对 7 号产生了争议。有的说："我觉得它是方程，因为墨迹背后的数不知道，不知道就是未知数，所以它是方程。"也有的认为："墨迹背后如果是一个字母，那它就是方程。如果是一个数，比如是 24，那它就不是方程。"可见，对于这个等式，学生判断时都紧紧扣住方程的另一个本质特征，即有没有含未知数。

对于 8 号式子，学生十分肯定地说："8 号肯定不是方程。就算墨迹后面是未知数，还是不行，因为它没有等量关系。"说得多精准！"究竟什么是方程？"教师的追问将学生的注意力再次聚焦在方程的本质特征上——方程就是在未知数和已知数之间建立的等量关系式。至此，从直观的天平图到抽象的算式，教师的激疑、追问，学生的思辨、选择，对于方程意义的理解，每个学生都进行了全面、深入的思考，形成充满理智和严谨的抽象表达自然顺理成章。

著名数学教育家斯托利亚尔指出："数学知识的获得，主要不是靠实物实验，而是通过思想上的实验，进行紧张的思维活动。""疑是思之始，学之端。"上述环节中，教师基于学生的学习经验，围绕方程的意义，设计了有针对性的问题，组织了高质量的思维活动。学生有了强烈的数学思考的欲望，在对话交流、分享思考中，深化对方程本质特征的认识，提升了数学思维能力，方程模型也就自主建构起来了。

片段三：比较练习，凸显思想价值

《义务教育数学课程标准（2011 年版）》指出，教师的教学活动建立在学生发展的、自觉的、主动的基础上，要让学生经历自主发现数学知识和结论的过程。并且，突出强调要在解决实际问题的过程中，逐步加深对方程思想的体验，凸显数学思想方法的价值。在得出"方程"的意义后，如何使学生理解方程在实际生活中的广泛运用，充分展现方程思想的魅力？张老师又通过两个层次的比较练习，帮助学生体会方程简洁性的特点，适时地渗透数学思想方法。

第一个层次：要求学生观察线段图，根据不同的等量关系，列出不同的方程。（略）

学生组内交流后，得出四个方程：$x+350=800$，$350+x=800$，$800-x=350$，$800-350=x$。教师并不满足于这些答案，而是让学生具体说一说不同的方程依据了怎样的等量关系。这样的处理，帮助学生把日常语言及时抽象成数学语言，突出等量关系，理解方程的实际含义。

第二个层次：依次出示三张图（图略），要求学生思考——不同的问题能列出相同的方程吗？

学生分别列出 $4x=320$ 的方程后，教师又继续追问："观察这三道题，你发现了什么？"

"明明三个问题各不相同，为什么列出的方程却一样？"在教师的引导下，学生渐渐体会到，这三个问题反映的其实都是 4 个 x 相加是 320 的等量关系，所以列出的方程一样。"那么，生活中还能再找到一个问题，也能列出这样的方程吗？"教师的提问让学生的思维活跃起来：每天看 x 页书，4 天看了 320 页；每个玩具 x 元，4 个玩具一共 320 元；每个本子 x 元，4 个本子一共 320 元……无疑，这个练习设计为学生深度思考什么是方程，预留了空间和时间。余音绕梁中，这个问题一直激荡着学生，促使他们不断探究。"这样的问题，能找到无数个！"学生顿悟了。"是啊，只要它们具有同样的数量关系，无论多少个问题，一个方程就能概括，这就是方程的魅力所在。"张老师深情地叙述着。方程看似复杂，却又如此简单、简明！一个等号，就可以在未知数与已知数之间凝练出一种无与伦比的数学美！

"优秀，源于解读文本的功力。"（钱梦龙语）基于上面的分析，不难看到张老师教学的"方程"一课，是对新课标理念的具体解读。他遵循了学生的认知规律，创设了有效的学习情境，利用天平演示，为学生学习方程巧妙地搭建了"脚手架"。精心设计的练习，帮助学生及时提炼等量关系，顺利进行语言转化，逐步构建方程模型，适时渗透方程思想方法，激活了学生的智慧潜能，升华了学生的数学活动经验，促使学生在更高的层次上感受方程学习的价值和魅力。

（江苏省张家港市教育局教学研究室　陈惠芳）

让数学拥有"思想"的脊梁

——全国特级教师潘小明"可能性"一课教学赏析

著名数学家乔治·波利亚说:"完善的思想方法犹如北极星,许多人通过它而找到正确的道路。"数学思想方法是数学的灵魂。不管是数学概念的建立、数学规律的发现,还是数学问题的解决,乃至整个"数学大厦"的建构,核心问题在于数学思想方法的培养和建立。回味潘小明老师"别样的课堂",就像在回味王安石那篇脍炙人口的著名游记《游褒禅山记》:"入之愈深,其进愈难,而其见愈奇。"潘老师立足生本教育的基点,创新教材,使教学过程成为生命被激活、被发现、被欣赏、被丰富、被尊重的过程,成为生命自我发展、自我生成、自我超越、自我升华的过程,从而达到叶圣陶先生所说的"教是为了不教"的境界。

片段一:精彩源自朴素中的创新

师:同学们,布袋里放有红色和黄色两种颜色的小球共 6 个。不过,两种小球的个数是不相等的,你有办法知道哪种颜色的小球多吗?

生 1:老师,把布袋里的小球倒出来,看一看就知道了。(同学们都笑了)

生 2:我们可以去猜。

师:猜也是一种办法,那你猜哪种颜色的球多些?

生 2:我猜是红色的多。

生 3:那我就猜黄色的多。可到底哪种球多,我们还是不能确定,我觉得这样猜是毫无根据的。即使猜对了，也只能说明运气好。

生4：老师，可不可以将手伸进布袋，摸一个出来看看颜色，然后将球放回布袋，再摸一个出来看看，这样多摸几次。

师：可以，同学们，你们理解他的想法吗？

生5：我知道，他是想从摸的次数中看看哪种球出现的次数多，次数出现得多，说明球的个数多。

师：你们认为这种方法可行吗？

（绝大多数同学表示可行）

生6：我认为球放回去后必须搅匀后再摸，否则有可能一直摸到这个球。

师：你们觉得她的建议有道理吗？

生7：我认为是有道理的，这样可以使每个球都有机会被摸到。

师：对！这样能使每个球被摸到的可能性均等。下面，我们就来进行这个游戏：同桌的两个同学，先各自对布袋里哪种球多作出猜测，然后合作摸球10次，现在开始。

（同学们为了知道自己的猜想是否正确，饶有兴趣而紧张地摸开了球，3分钟左右完成了摸球检验的实践活动，接着汇报结果。）

生：红球多，因为我们摸了10次，红球出现了7次。

生：在我们摸的10次中，红球共出现了6次，所以我们认为红球多。

生：我们认为两种颜色的球是一样多的，因为各出现了5次。

生：我们认为黄球个数多，因为10次中有6次摸到黄球。

师：（疑惑又不相信）怎么会出现这样的情况？明明每个小组布袋里的球不仅个数都是6个，而且红、黄球的占比也是一样的。这——，到底让人相信谁的呢？

（学生四人一组，在组内展开热烈的讨论。）

生：我们小组认为，一般情况下，哪种颜色的球出现的次数多，说明这种颜色的球个数多。但由于我们是瞎摸的，也有可能少的球被多次摸到，这就难说了。

生：既然每组布袋里的球是一样的，我们就应该根据大多数组出现的情况进行判断，因为个别小组的情况可能是偶然的。

师：大家还有不同意见吗？（同学们摇着头表示没有）我提议：红球次数多的小组起立——（17个小组站起来）；黄球次数多的小组起立（4个小组站起来）；两种球次数一样多的小组起立——（3个小组站起来）。

师：同学们，从摸球的次数中，我们推断出布袋中的红球数量可能多一些。我们的推断到底是否正确，最终还得——

生：把布袋里的球倒出来看看。

师：那就倒出来看呗！

（大家马上把球倒了出来，一些学生高兴地回答：红球多，红球有4个，黄球才2个。）

点　评

《义务教育数学课程标准（2011年版）》指出："不仅要考虑数学自身的特点，更应该遵循学生学习数学的心理规律，强调从学生已有的生活经验出发……"教师通过创设学生感兴趣的"你有办法知道哪种颜色的小球多吗"的问题情境，精心设计，营造一种现实而富有吸引力的学习背景。随着信息的逐次出现，学生认知心理上的平衡状态不断遭到破坏，从而激起他们的认知冲突，在辨析中促使学生深入思考，在认知冲突与争论中看到知识产生的必需性。到此，"可能性"的出现便不再是一种简单的"强制"和"告诉"，而是蕴含更为丰富意义的"需要"。学生真切地体验到不确定性，也为进一步探究可能性的大小积累了比较充实的感性认识。数学的伟大使命在于从混沌中发现秩序。在整个教与学的过程中，教学的预设是巧妙无痕的，生成是精妙自然的。这个思辨的过程自然而然地渗透于解决问题的教学过程中，体现了"随风潜入夜，润物细无声"的教学境界。

片段二：精彩源于数学思想的自然提升

师：同学们，现在我们将布袋里的6个球分别用笔编上1、2、3、4、5、

6 六个号码，然后甲乙两人轮流从袋中摸球，每次摸出一球，放回搅匀后再摸。规定：甲每摸到号码大于 3 的球，就得 1 分；乙每摸到号码小于 3 的球，就得 1 分；甲乙摸到 3 号球都不得分。各摸 10 次后，得分高的同学获胜。同桌的两人分别为甲和乙，你是想当甲还是乙？

（同桌的两人，有的思考着"当甲还是当乙"的问题，有的已经动手给球编号，还有的谁也不让谁地争着要当甲……终于，有同学对比赛提出质疑。）

生：老师，这样的比赛是不公平的，甲赢的可能性大。

（一石激起千层浪。教室里的气氛一下子热烈起来，许多同学议论着"甲赢的可能性大""比赛确实不公平"……）

师：作为比赛规则，当然应该是公平的。同学们敢于提出自己的意见应该鼓励，不过说话得有根据。你说甲摸到的可能性大，凭什么？甲摸到号码大于 3 的可能性有多少？乙摸到号码小于 3 的可能性有多少？

（这时，原先在编写号码的学生也停止了手中的活。大家围绕这三个问题在小组内展开热烈的讨论，纷纷发表自己的意见。）

生：我们小组认为甲摸到的可能性大，因为总共有 1、2、3、4、5、6 六个号码的球，号码大于 3 的球有 4、5、6 三个，而号码小于 3 的球有 1、2 两个。两人各摸 10 次，当然甲摸到的可能性大。

师：他们小组分析得怎么样？

生：分析得很有道理！

师：我也觉得有道理。不过，他们还没有说出甲摸到号码大于 3 的可能性有多少。

（对于"可能性有多少"的问题，绝大多数学生不清楚应该用怎样的数来表示，感到很疑惑。经过一阵思考后，有学生举起了手——）

生：我想，总共有 6 个球，号码大于 3 的有 3 个，正好占一半，我觉得甲摸到的可能性是 $\frac{1}{2}$。

师：非常有道理！那么，乙获胜的可能性是多少呢？

（受到该生的启发，越来越多的同学渐渐有了思路——）

生：乙摸到的可能性是 $\frac{1}{3}$。因为共有6个球，号码小于3的有2个，占总数的 $\frac{2}{6}$，也就是 $\frac{1}{3}$。

师：$\frac{1}{3}$，好！同学们想得好，用分数表示出可能性的大小。我们确实可以这样思考。

教师随即出示：

（1）摸出一球，可能的结果有 ＿＿＿，共有 ＿＿＿ 种结果。

（2）号码大于3的结果有 ＿＿＿，共有 ＿＿＿ 种结果；号码小于3的结果有 ＿＿＿，共有 ＿＿＿ 种结果。

（3）号码大于3的可能性为 ＿＿＿，号码小于3的可能性为 ＿＿＿。

（学生在练习的过程中，思路进一步得到整理，学会用分数表示可能性的大小。）

师：同学们善于思考发现比赛规则的不公平，那么怎样修改才能使比赛公平呢？

（学生独立思考后，纷纷提出自己的建议。）

生1：乙摸到1、2、3号球得分，甲摸到4、5、6号球得分。

师：按这样的规则，甲乙两人摸到球的可能性各是多少？

生2：他们摸到球的可能性各是 $\frac{3}{6}$，也就是各占一半。

生3：再添上一个7号球，甲摸到5、6、7号球得分，乙摸到1、2、3号球得分，摸到4号球两人都不得分。

师：按这样的规则，甲乙两人摸到球的可能性是多少？

生3：甲乙两人摸到球的可能性都是 $\frac{3}{7}$，是相等的。

生4：还可以把6号球去掉，然后甲摸到4、5号球得分，乙摸到1、2

号球得分，摸到 3 号球两人都不得分，这样也是公平的。每人摸到的可能性都是 $\frac{2}{5}$。

师：如果按照同学们修改后的规则比赛，我想，输与赢的结果已经不重要了，谁赢那就只能说明——

生：说明谁的运气好。

师：是呀，对于比赛，重要的是要保证公平！先前的不公平规则没能逃过我们敏锐的眼睛，而且大家又提出了合理的建议，真棒！

点　评

陆九渊先生说："小疑则小进，大疑则大进。"诚哉斯言，潘老师"大疑则大进"矣。通过创设摸球游戏，并提出："同桌的两人分别为甲和乙，你是想当甲还是乙？"从而引发同桌的两人谁也不让谁地争着要当甲……终于，有同学对比赛提出了质疑——规则不公平。

授人以鱼不如授人以渔。任何一种数学思想方法的学习和掌握，都需要有目的、有意识地培养，需要经历渗透、反复、逐级递进、螺旋上升、不断深化的过程。教师创造性地使用教材，激起学生心理上的疑问，以达到"心求通而未得"的心态。循循善诱，于无声处听惊雷，让学生知无不言，言无不尽。当学生困惑时，教师提出问题："我也觉得有道理。不过，你们还没有说出甲摸到号码大于 3 的可能性有多少。"以此催生学生有价值地探究。再根据大部分学生初步探究的困惑，教师指点迷津："同学们善于思考，发现了比赛规则的不公平，那么怎样修改才能使比赛公平呢？"由浅入深，向思维的更深处漫溯，步步为营，向问题本质贴近；让学生自求自得，实而有效，环环相扣，水到渠成。纵观这一片段，"不愤不启，不悱不发"。诚如程颐先生感慨的："盖不待愤悱而发，则知之不固；待愤悱而后发，则沛然矣。"

潘老师在教学中预设得巧妙，将学生的学习情绪调适到最佳状态，使之产生自主学习的积极心理倾向；用细节引发学生的真知灼见，拨开重重的迷惑；用启迪触发深远的思考，用诱导催发学生的创新火花，使课堂时时弥漫着与生命萌发相通的浓郁的人文气息。我们分明感到，在教育生命的跋涉中，这种独特而富有魅力的课堂，诠释着生命教育的本质——回归生命本体的教育。

片段三：精彩源于平实中的深刻

师：同学们下过棋吗？平时两人下棋时，用什么方法来决定谁先下？

生：用"石头、剪子、布"决出胜负，然后由赢的一方先下。

师：如果用下面这种掷骰子的方法，你认为如何？

（出示：小光和小亮下棋，他们用掷骰子决定谁先走。小光用红色骰子，上面是1、6、8点各两面；小亮用黄色骰子，上面是3、5、7点各两面。掷一次，朝上一面的数谁的大，谁就先走。）

生1：我认为是公平的，因为两个骰子各个面上数的和是相等的。

生2：在朝上的面中，有可能是红色骰子的数大，也有可能是黄色骰子的数大，所以我也认为是公平的。

生3：我认为小光先下的可能性大，因为1、6、8与3、5、7比较，1<3，6>5，8>7，小光可以赢两次，而小亮只能赢1次。

师：列举出具体输赢的情况进行分析，这确是一种很好的思考方法。

生4：虽然列举输赢的情况进行分析的方法是好的，但他还漏了许多种情况，我用线连出了各种情况。

师：你是怎样连线的？请演示给大家看看，好吗？

（该生高兴地在黑板上板演）

小光	1	1	1	6	6	6	8	8	8
小亮	3	5	7	3	5	7	3	5	7

生4：可能出现的情况一共有9种，小光赢的可能性有5种，占 $\frac{5}{9}$，而小亮赢的可能性是 $\frac{4}{9}$，所以是不公平的。

生5：我是这样画图的（见下图）。在第一幅图中，小光输3次；在第三幅图中，小光赢3次；关键看中间这幅图，小光赢2次输1次。所以，小光赢的可能性是$\frac{5}{9}$，比小亮大。

		3			3			3
1	5		6	5		8	5	
		7			7			7

师：同学们，他们回答得怎么样？（同学们都说"好"！）

师：好在哪里呢？

生：好在图画得很好，让人清楚地看出输赢的可能性。

师：是呀！他们都进行了非常有序的思考和分析，让人清楚地看出输赢的可能性各是多少。

师：由此看来，用这样的方法决定谁先下棋是不合理的，那用什么方法才是公平的？

生：用"石头、剪子、布"的方法是公平的。

师：也许吧，因为你的爷爷和爸爸小时候在玩游戏时都用"石头、剪子、布"，所以你就认为这种方法是公平的，是吗？

（同学们又独立思考了起来）

生1：我能讲出道理。用前面的方法可以列举各种情况。

在共有的9种情况中，赢的可能性是$\frac{3}{9}$，输的可能性是$\frac{3}{9}$，平的可能性是$\frac{3}{9}$。输与赢的可能性是相等的，所以是公平的。

石头	石头	石头	剪子	剪子	剪子	布	布	布
石头	剪子	布	石头	剪子	布	石头	剪子	布

师：（开玩笑）怪不得爷爷、爸爸都用这种方法，因为这种方法是公平的。不过，同学们超过了你们的爷爷、爸爸，因为你们经过数学的思考，讲出了其中的道理。

品味潘老师的课，我们能够领悟"好的教育"之道："善问者如攻坚木：先其易者，后其节目；及其久也，相说以解。"（《礼记·学记》）特别是最后一问——"也许吧，因为你的爷爷和爸爸小时候在玩游戏时都用'石头、剪子、布'，所以你就认为这种方法是公平的，是吗？"棋高一着，体现了教者育人意识的高度自觉，使学生在相互交流、争辩的过程中达成共识，难点得以突破，新知得以深化，认知结构更趋完善，学生对可能性大小的认识逐渐变宽、变清、变深。教学细节看似平常，但平常中蕴含着智慧；看似简单，而简单中孕育着深刻。潘老师智慧地"退"，源于教师对学生学习的预见、策划与组织；巧妙地将学生往前"推"，让他们在学习知识的过程中享受学习的快乐、成长的快乐。学生好比风筝，只要你拽好了线，就让它们在蓝天中自由地飞翔吧。让我们用自己的"无为"，造就学生的精彩。在这样充满思辨的课堂上，教师与学生怎能不觉得幸福呢！

人们常说：一滴水能折射太阳的光芒。点滴的细微决定着教学的成败，丝毫的细节决定着课堂的效率与质量。潘老师课堂上的最大亮点不仅在于给学生的成长提供了无限的空间和数学学习背后的思想方法，更在于给我们传递了数学的魅力与智慧的光芒。请让我们牢记：数学知识无需学生终身铭记，但数学精神会激励终身，解题技能不需要终生掌握，但数学思想和文化品位却终身受益！

教学反思

数学活动更应是数学思维的活动

动手实践要有明确的目的，使之成为自觉的行为。我做过这样的设计：先告诉学生布袋里放着红色和黄色小球，要求同桌的两个学生合作，各选一种颜色的小球，轮流从布袋里摸球，摸出一个后放回搅匀再摸，各摸10

次，谁摸到自己选择的球的次数多谁就获胜。之后提问：为什么摸的次数都是10次而红球出现的次数这么多？让学生由此进行猜想和推测，再倒出布袋里所有的球进行验证。进行这一游戏的目的在于：让学生在摸球的活动中感受"不确定性"，而由"红球出现的次数多"的现象，让学生感知可能性的大小并对布袋里两种球的多少作出猜测。我们说，积极引导学生动手实践是新课程标准大力提倡的一种学习方式。但是，学生的动手实践绝不应该等同于简单的游戏活动。对于上面的动手实践活动，教师清楚是要让学生"感受不确定性""感知可能性的大小"，但学生并不知晓，他们只能是按教师的要求进行，难以成为一种真正自觉的行为。为此，对原先设计作出如课中的修改："不能打开布袋看，你能知道哪种颜色的球多吗？""我们可以去猜。""猜，也得有根据。""老师，可不可以将手伸进布袋，摸一个出来看看颜色，然后将球放回布袋再摸一个球出来看看，出现次数多的球，个数可能就多。"学生对解决问题的方法达成共识，此时的动手实践目的明确，成为学生的自觉行为。在这个过程中，学生面对问题思考着解决的办法，提出新的想法，通过动手实践探索问题的答案，最后打开布袋检验，从中不仅感知了不确定性和可能性的大小，而且在探索活动中学习到科学探究的方法。

动手实践原本是要促进学生数学思维的发展，不能降低对思维的要求。我也设想过在出示"甲每摸到号码大于3的球就得1分；乙每摸到号码小于3的球就得1分；摸出3号球，甲乙都不得分"的比赛规则后，马上让同桌的两个学生进行比赛。这样，课堂气氛也许会非常热烈，但在热烈之后，学生将得到些什么呢？经过反复思考，我发现这样的设计存在许多问题：学生之间是有差异的，对于比赛规则，可能大多数学生会不在意，但也可能有些学生很敏锐地发现是不公平的，明知比赛规则不公平，那为何还要进行这种无意义的比赛呢？相反，那些未曾发现"不公平"的学生，在经历一番"摸球"后会思考哪些有深度的数学问题？我觉得：动手实践不是为求热闹，而应促进学生思维的发展；影响和妨碍学生思维的动手实践应该取消。于是，我在出示规则后没有让学生马上动手操作，而是提出问题："你想当甲还是乙？"这样就自然地将学生的思维指向在"比赛规则是否公平"上。同伴间不同想法的交流和碰撞，让学生不断产生新的思想火花。大家不仅分析出甲赢的可能性大，而且学会了用分数来表示可能性，并且对原先的比赛规则进行富有创造性地修改，用分数表示可能性随之得以巩固，学生的思维得到较好的发展。尽管课堂上少了学生摸球比得分高低的热闹，但是学生内在的思维在紧张地展开着。数学教学是数学活动的教学。我想，这活动更应是指在头脑中进行着的思维活动。同样，在"用掷骰子决定谁先下棋"的问题出示后，我没有让学生进行游戏比输赢，而是思考这种方法是否公平，并给学生足够的时间以独立思考，组内充分讨论，在展示思维过程中，对学生"列举具体情况进行分析"的思考方法、"进行有序思考"的策略等予以积极的评价，以求给学生正确的思维导向。之后，引导让学生对自己常用的"'石头、剪子、布'决定胜负"的方法是否合理进行数学思考，对数学产生积极的情感，同时培养学生用数学的眼光处理实际问题的数学意识。我想，这种效果不是简单地用动手掷骰子的活动所能产生的。

（广东省汕头市新乡小学　谢庆如）

善用教材，灵活处理

——对"认识几分之一"一课的教学反思

一份小学数学毕业试卷中，出现了如下一道题："幼儿园老师把 4 千克饼干平均分给 5 个班的小朋友，平均每个班的小朋友分得这些饼干的 $\dfrac{()}{()}$，分得 $\dfrac{()}{()}$ 千克。"经统计，此题平均正确率不到 75%。其中，前后两空的答案发生颠倒最为普遍，也不乏把 4 千克看作分数的分母，把 5 看作分数分子的现象。

试卷评析会上，就这道题，教师们交流了自己平时的做法、困惑和无奈："这道题在学过分数的意义后，我们没少让学生练，错误率却总是居高不下，我们不清楚问题到底出在哪。"教师的感触，激发了我探究谜团的欲望。于是，我在课堂上进行了实践探索。

片段一：激活与建构

师：看到课题，你想说点什么？

生："认识几分之一"上学期我们学过了啊！

生：今天研究的"几分之一"和上学期的比，有什么不同？

师：是啊，"认识几分之一"上学期我们学过了。今天研究的"几分之一"跟上学期的比，有什么不同呢？（见图 1）下面我们就带着这个问题进行研究。

师：喜欢野餐吗？

生：喜欢！

师：丁丁和当当在野餐时遇到了一些数学问题，想请你们帮忙解决。（课件呈现情境图，见图2）

图1

图2

师：瞧，他们带了不少东西呢。如果让你来分，你打算怎么分？

生：蛋糕每人半块，矿泉水每人1瓶，苹果每人2个。（师贴图）

师：半块用分数怎么表示？

生：就是$\frac{1}{2}$块。

[根据学生的回答，师补充板书（见图3）。]

师：你不仅聪明而且善解人意。瞧，每人分得同样多。在数学上，这种分法叫作——

生：平均分。

师：每人分得蛋糕的几分之几呢？

生：$\frac{1}{2}$。

师：谁愿意上来写给大家看看，并说说这个$\frac{1}{2}$是什么意思？

生：这个$\frac{1}{2}$表示把一个蛋糕平

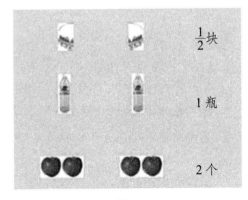

图3

均分成 2 份，每份是它的 $\frac{1}{2}$。

师：这里出现的 $\frac{1}{2}$ 和 $\frac{1}{2}$ 块，它们表示的意思一样吗？

生：不一样。$\frac{1}{2}$ 表示把一个蛋糕平均分成 2 份，每份是蛋糕的 $\frac{1}{2}$。而 $\frac{1}{2}$ 块表示每人分得的是半块。

师：你解释得真好！同桌相互交流一下这两个 $\frac{1}{2}$ 有什么不同。

师：如果将 2 瓶矿泉水看作一个整体（教师将 2 瓶矿泉水圈起来），每个小朋友分得矿泉水的几分之几？

生：$\frac{1}{2}$。

师：为什么？

生：把 2 瓶矿泉水平均分给 2 个人，就是把 2 瓶矿泉水平均分成 2 份，分母就是 2；每人分得其中的 1 份，分子就是 1，所以用 $\frac{1}{2}$ 表示。

师：你们同意吗？谁能再说一遍？（板书：$\frac{1}{2}$）

师：如果将 4 个苹果也看作一个整体（教师将 4 个苹果圈起来），每人分得几分之几呢？同桌探讨一下。

生：$\frac{2}{4}$。

生：我觉得应该是 $\frac{1}{2}$。

生：我觉得 $\frac{2}{4}$ 和 $\frac{1}{2}$ 都可以，因为 4 个苹果的 $\frac{2}{4}$ 和 $\frac{1}{2}$ 都是 2 个苹果。

师：现在课堂上出现了两种不同的声音，根据情境图，你们再仔细琢磨一下，到底用哪个分数更合适一些？

生：我觉得还是应该用 $\frac{1}{2}$ 来表示。从图中可以看出是 2 个人来平均分，所以分母是 2 不是 4；每人分得的 2 个苹果，是 4 个苹果中的 1 份，所以分子是 1 不是 2。

师：是啊，这里是 2 个小朋友进行平均分，虽然每人分得 2 个苹果，但只是 4 个苹果中的 1 份，所以应该用——

生：$\frac{1}{2}$ 来表示。（师板书：$\frac{1}{2}$）

师：（指着板书追问，见图 4）分三种不同的物品，为什么都可以用 $\frac{1}{2}$ 来表示呢？同桌可交流。

生：虽然这些物品个数不同，但都是平均分成 2 份，取其中的 1 份，所以都用 $\frac{1}{2}$ 来表示。

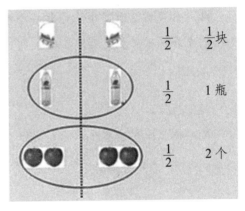

师：既然每人分得的都是 $\frac{1}{2}$，为什么分得的结果却不一样呢？

生：因为蛋糕、矿泉水、苹果的个数不一样，所以分得的结果也就不一样。

图 4

教学反思

课始，学生针对课题质疑："今天研究的'几分之一'跟上学期的比，有什么不同呢？"他们有了进一步探究分数的心理需求。接着，教师出示学生熟悉的主题情境图，巧妙地唤醒学生原有的认知经验，为下一步认识分数作好适宜的铺垫。在富有生活情趣又蕴含认知冲突的数学情境中，随着分配蛋糕、苹果和矿泉水这一解决问题的过程中呈现的思维冲突，自然而然地引导学生的思维视角从一个物体向一个整体突围。

片段二：解释与应用

[完成"想想做做"1（见图5）]

1. 你能填一填、说一说吗？

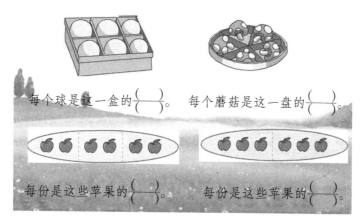

每个球是这一盒的（　）。　　每个蘑菇是这一盘的（　）。

每份是这些苹果的（　）。　　每份是这些苹果的（　）。

图 5

师：比较第一行和第二行，你有什么发现？

生：我发现第一行每份都是 1 个，第二行每份都不是 1 个。

生：我发现第二行都是 6 个苹果，但平均分的份数不一样，所以每一份的个数也就不一样。

生：都是用几分之一来表示的。

师：你们的发现还真不少！我们只要把一些物体看作一个整体，把它平均分成几份，其中的一份就是这个整体的——

生：几分之一。

[完成"想想做做"2（见图6）]

师：观察这 5 幅图，你有什么发现？

生：都是 12 个正方体，都是取其中的一份。

生：但每一份的个数都不一样。

师：为什么？

2. 用分数表示每个图形的涂色部分。

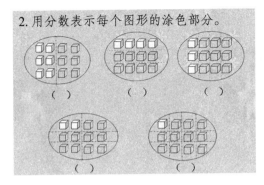

图 6

生：虽然都是 12 个，但平均分的份数不一样，所以每份的个数就不一样。

教学反思

学生通过填一填、说一说，进一步体会到：只要把一些物体看作一个整体，把它平均分成几份，这样的一份就是这个整体的几分之一。通过练习，帮助学生淡化概念，把握几分之一的内涵。

片段三：拓展与延伸

[完成"想想做做"3（见图 7）]

3. 在每个图里涂上颜色，表示它下面的分数。

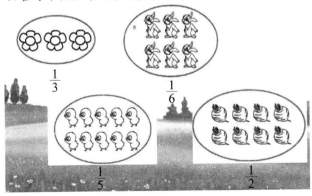

图 7

（生独立完成，师巡视，帮助学习有困难的学生。）

课件演示得出：只要涂其中任意一份即可（见图8）。

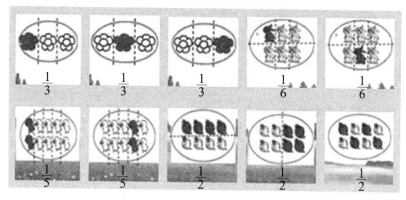

图8

［猜一猜（见图9和图10）］

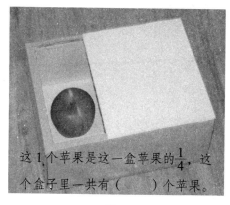

这1个苹果是这一盒苹果的$\frac{1}{4}$，这个盒子里一共有（　　）个苹果。

图9

这2个苹果是这一盒苹果的$\frac{1}{3}$，这个盒子里一共有（　　）个苹果。

图10

［举小棒（"想想做做"4）］

师：请同学们拿出课前发的小棒，根据老师的口令举出相应的小棒。

师：请举出小棒根数的$\frac{1}{4}$。

师：（故作好奇）我让大家举出小棒根数的$\frac{1}{4}$，为什么有的举1根，有的举2根，而有的举3根、4根呢？

生：因为我们的小棒总数不一样。

师：如果让你们都举 2 根小棒，想一想应该用什么分数来表示？

……

师：通过刚才的游戏，你们有什么发现？

生：虽然我们都是举小棒根数的 $\frac{1}{4}$，但因为每个人的小棒总数不一样，所以大家举的具体根数就不一样。

生：如果我们都举 2 根小棒，就不能都用 $\frac{1}{4}$ 来表示了。

（师取"笑脸"）

师：今天李老师打算送每个同学一份小礼物，瞧——

生：（十分惊讶）笑脸！

师：我们按座位顺序，每人依次取笑脸的 $\frac{1}{2}$，好不好？

生：（大喊）不好！

师：咦，都是取笑脸的 $\frac{1}{2}$，怎么就不好了呢？

生：第一个同学取得的是 48 的 $\frac{1}{2}$，第二个同学取得的却是 24 的 $\frac{1}{2}$，轮到第三个同学取得的就是 12 的 $\frac{1}{2}$ 了，照这样下去，后面的同学根本就取不到笑脸。

师：谁能想个办法，让每个同学都能取到笑脸？

生：每人取 $\frac{1}{48}$，而且还得不分先后，这样我们每个人就都能取到 1 张笑脸了。

师：这个主意不错！这个任务就交给你了，下课由你把笑脸发给每个同学。

让学生在一系列的数学活动中理解分数，既巩固了所学知识，又为下一节课的学习作好铺垫。学生在玩中学，学中玩，寓教于乐的同时也训练了学生思维的全面性、灵活性。

片段四：回顾与整理

师：请同学们回忆一下，这节课我们研究的"几分之一"和上学期的比，有什么不同呢？

生：从分蛋糕上看，上学期我们平均分的是一个物体。

生：从分矿泉水和苹果来看，今天我们平均分的不再是一个物体，而是一些物体。（师板书：一个 一些）

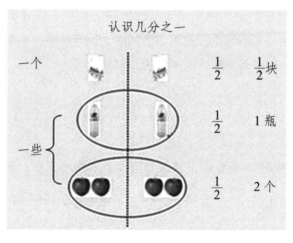

图 11

师：同学们总结得真到位！上学期我们是将一个物体或一个图形平均分成几份，取其中的一份；今天我们是将一些物体看作一个整体，平均分成几份，取其中的一份，但它们都可以用——

生：几分之一来表示。

师：在实际生活中就蕴藏着今天学习的数学知识。李老师早就耳闻黄湾千张特别有名，来上课时恰巧经过菜市场，就顺便买了 9 份。你们建议李老师怎么吃呢？

生：我建议李老师每天吃 $\frac{1}{9}$，也就是每天吃 1 份。

生：我建议李老师每天吃 $\frac{1}{3}$，也就是每天吃 3 份，因为豆制品有美容的作用。

生 3：豆制品容易馊，我建议李老师每天吃 $\frac{9}{9}$，一天吃完。

……

教学反思

学生通过回顾整理，梳理出本节课所学的知识，构建出关于"几分之一"的认知结构，培养学生反思习惯的同时，提升学生的抽象概括能力。最后，让学生再一次感受到数学源于生活，用于生活。

整体反思

"幼儿园老师把 4 千克饼干平均分给 5 个班的小朋友，平均每个班的小朋友分得这些饼干的 $\frac{(\ )}{(\ )}$，分得 $\frac{(\ )}{(\ )}$ 千克。"这道题前后两空的答案普遍颠倒的根本原因，我觉得是"学生在用分数表示一个整体的几分之一"时受到物体个数的干扰。

苏教版教材一共安排了三次"认识分数"的教学：（1）三上，把一个物体、一个图形平均分成几份，用几分之一或几分之几表示其中的一份或几份；（2）三下，把由若干个物体组成的一个整体平均分成几份，用几分之一或几分之几来表示这个整体里的一份或几份；（3）五下，重点是帮助学生构建"1"的概念，揭示分数的意义。从内容上看，它们相互关联、相互补充和发展，是螺旋式上升的关系。基于此，我借4月送教下乡之际，对苏教版三上、三下的"认识几分之一"进行重组、整合。在教学过程中，我不失时机地进行追问：为什么分得的结果都可以用$\frac{1}{2}$来表示？为什么同样分得的是$\frac{1}{2}$，但结果却不一样多？以此激活学生已有的认知，帮助学生厘清分子与分母的具体含义。学生在活动中体验感悟，拓展、完善了新的认知结构，这样的教学强本固基，防患于未然。

叶圣陶说："教材只能作为教课的依据，要教得好，使学生受益，还要靠教师的善于运用。"教师须根据学生的实际情况、知识的难易程度等灵活处理教材，优化、整合教学资源，从而提高课堂教学效率。

（安徽省凤阳县实验小学　李翠梅）

慢慢走向答案

——特级教师徐斌"画线段图解决问题"一课教学赏析

"画线段图解决问题"是苏教版小学数学三年级上册的一项教学内容。在此之前，学生已经接触过两步计算来解决问题，业已初步掌握解题方法，但在三年级上册，是第一次学习用画线段图解决问题。

日常教学中，由于部分教师对教学重难点把握不准，教学时有的把"和倍、差倍"也作为对所有学生的要求，结果陷入教学误区，还有的在教学过程中过分强调线段图的画法，结果导致学生对自己本来能够理解的方法都不理解，因此不能及时完成教学活动。

特级教师徐斌在教学这一内容时，把"无痕教育"的理念发挥得淋漓尽致，努力在不知不觉中开始，潜移默化中理解，循序渐进中掌握，春风化雨中提升，最终让学生"慢慢地走向答案"。下面我们就一起来欣赏其中精彩的教学片段。

精彩片段一：慢慢认识"线段图"

师：同学们，徐老师给大家变个魔术，看看谁的眼光好，脑子灵。（同学们兴趣盎然）

师：我们在二年级时认识过"倍"，你能说出下图中红花的朵数是蓝花的几倍吗？为什么？

生：红花是蓝花的 4 倍。

师：如果用两种颜色的正方形分别表示蓝花和红花，可以看清数量之间的关系吗？

师：如果把正方形靠近并拼接在一起，你还能看清倍数关系吗？（这样就相当于两种颜色的带子了），如果把带子的宽度变窄一些，长度不变，你还能看清倍数关系吗？

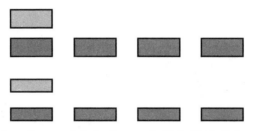

师：大家眼睛不要眨，再仔细看……如果把带子再变一变，这就成了什么图形？（学生说不出，老师介绍并板书：线段图。）

师：大家来看，上面一条线段表示什么？下面一条线段的长度有几个上面一条那么长？

生：4 个。

师：回答得很好。像这样由我变魔术变出的图形就是线段图，你们可别小看了它，它可是我们学习数学的重要帮手。从今天开始，我们正式认识线段图，学习画线段图来解决问题。（揭示并板书课题："解决问题"）

徐老师深知，线段图对于三年级学生来说还是比较抽象的，于是"倍数关系"实物图演示在不知不觉中开始，通过"变魔术"始终吸引着学生的眼球，慢慢地把"花朵—正方形—条形图—线段图"进行变换（先行组织者），不断沟通新旧知识的联系，打通了直观到抽象之间的通道。这样学生对线段图就有了"本源性认识"，也为后续学习作好了铺垫。通过这一"慢"过程，学生再理解、学画和观察线段图中的数量关系就不觉得难了。

精彩片段二：慢慢理解"分析法"思路

师：国庆节时，同学们去逛过商场吗？（去过）你看，小红妈妈也带小红去商场买衣服。（出示商场服装标价牌：一条裤子28元，上衣的价钱是裤子的3倍）

师：你已经知道了什么信息？能提出什么数学问题？

生：一件上衣多少钱？一套衣服多少钱？一件上衣比一条裤子贵多少钱？一条裤子比一件上衣便宜多少钱？（教师选择问题板书在黑板上）

师：要解决"一件上衣多少钱"这个问题，我们怎样画线段图来表达数量之间的关系呢？把哪个数量看作一份？（板书："裤子"及线段）只画一条线段，能看出多少钱吗？（板书：扩线和"28元"）

师：表示裤子价钱的线段图画出来了，那么表示上衣价钱的线段图又该如何画呢？（学生试着画一画，教师巡视，选择有代表性的画法进行展示。）怎样在线段图上表示出所求的问题呢？（最终形成板书如下）

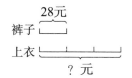

师：现在，请大家看着线段图，再看着文字信息，你有什么不一样的感觉？

生：更加清楚了。

（学生口头列式解答：28×3=84元。）

师：如果求的问题是一套衣服多少钱，在线段图上如何表示出所求问题呢？（板书：扩线和"？元"）

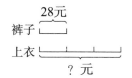

师：要求一套衣服多少钱，需要知道什么？（上衣的价钱和裤子的价钱）先求什么，再求什么？

（学生在本子上列式解答：28×3=84元，28＋84=112元。）

师：仔细观察线段图，裤子的价钱是1份，上衣的价钱是这样的3份，那么一套衣服的价钱就是这样的几份？根据这样的启发，你还能列出不同的算式吗？

（学生讨论、交流时，教师板书：3+1=4，28×4=112元。）

师：这两种列式，都求出了一套衣服的价钱。它们有什么不同呢？尤其是第二种列式方法，主要是怎么看出来的？

生：受线段图的启发。

师：如果求一件上衣比一条被子贵多少钱，你会算吗？我们一起来看……

点　评

本片段中，徐老师不急不躁，设计了一个又一个"脚手架"，让学生慢慢理解"分析法"的思路。首先，是理解一步计算解决的问题：要求上衣多少钱，需要知道什么？因为上衣的价钱是裤子的3倍，所以必须知道一份也就是一条裤子是多少钱（引导学生边画边理解线段图）；再理解两步计算解答的：要求一套衣服多少钱，需要知道什么？继续引导学生先算什么，再算什么（引导学生边画边理解线段图）。这样既充分放大线段图的应用价值，又把"分析法"的解题思路补充完善进线段图（写名称、写数量、画括线、画问号），慢慢地得以深刻理解——至此，一个成功的数学模型建成了。

精彩片段三：慢慢领会"几倍求和（差）"和"相差求和"的异同

师：同学们刚才学习了"几倍求和"和"几倍求差"的解决方法，现在一起看图列式回答问题（出示线段图）。

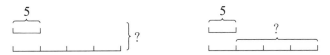

师：看了线段图，你已经知道了什么？要求什么问题？请分别列出算式计算。（算得快的学生思考如何用不同方法列式，展示学生的算式进行反馈评价。）

师：（出示线段图）下面的线段图中，两个数量之间还是倍数关系吗？16米、7米可能是什么呢？

生：卷尺（绳子、小路、水管、楼房、布匹……）

师：是的，这样的16米、7米可能是长度、高度，也可能是宽度，原来一个线段图可以表示的数量还真不少呢。大家一起看图，从中你知道了什么？要求什么问题？你能观察线段图列式计算吗？（教师根据学生回答进行板书）

方法一：16＋7=23（米）；16＋23=39（米）。

方法二：16×2=32（米）；32＋7=39（米）。

师：（针对方法二）刚才的线段图中，16为什么要乘2？再加7又是什么意思？

本环节慢慢地进行了看线段图理解题意并解决问题的比较的教学。一是几倍求和与几倍求差的比较，二是几倍求和（差）与相差求和的比较。但无论怎样比较，都是借助线段图来进行的，通过图进行数量分析，通过图提出问题、分析问题并解决问题。这样，学生不仅对线段图的理解逐步加深，而且对几倍求和、几倍求差与相差求和异同的理解也逐步加深，在感知、体验、比较中逐步形成较好的解题模型。

教师是带着"好的教育理念"进课堂，还是带着所谓的"好课标准"进课堂呢？徐老师无疑给了我们答案。日常教学中，教师贪图课堂效率，会直接抛出线段图进行介绍，然后就赶快转入"数量关系分析"。但徐老师通过"变魔术"的方式，激发学生的未知欲望，让学生在实物到线段图的变化中慢慢认识线段图。

从苏教版教材对"解决实际问题"的编写思路来看，二年级下册开始初步学习"综合法"思路，从三年级上册本单元开始初步认识与学习"分析法"思路，即从所求问题出发，向已知条件推理。对于这一思考方法，学生是陌生的。于是，徐老师坚守地站在学生的背后，想学生所想，想学生所难，等待学生省悟和成长。他慢慢地带领着学生，从分析一步计算的问题到两步计算的问题，又通过线段图各部分的不断完善，把几倍求和、几倍求差、相差求和等多种类型的两步计算解决问题进行横向、纵向的分析、比较，最终内化、建构了良好的模型和结构。

徐老师深知，"教学是一种慢的艺术"，知识的理解与内化经常是一个困难而缓慢的过程，有自身的规律，一点勉强不得。正如奥地利诗人里尔格《给青年诗人的信》中说："对自己心中所有求解的疑问要有耐心，并且要试着去爱这些问题……不要寻求无法给予的答案，重点是去体验当下的问题……也许你会慢慢地、不知不觉地，在未来的日子里迈向答案。"

（江苏省苏州工业园区车坊实验小学　缪建平）

以问题导学，促对话生成

——苏州名师陈惠芳"方程的意义"一课教学实录与评析

片段一：预习反馈，直奔主题

师：今天我们一起研究"方程的意义"（板书）。同学们预习中提出了不少问题，一起来分享（出示投影）。

（生观察投影，默读问题。）

师：这些问题代表着大家对方程的思考。有的问题今天能够解决，有的问题以后我们会继续研究。今天这节课，我们重点解决三个问题：（1）什么是方程？（2）等式和方程有什么关系？（3）学习了方程有什么用？

（师板书，生齐读。）

师：带着这些问题，开始我们今天的数学探索之旅。

片段二：尝试探究，展示交流

师：这是一年级数学课本里的两幅天平图，你能看懂吗？看懂了什么？

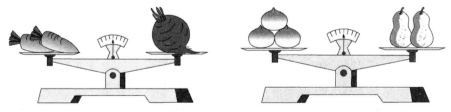

生：我发现2个胡萝卜的重量等于1个红萝卜的重量。

生：3个桃子的重量等于2个梨的重量。

师：凭什么说是相等的呢？

生：（齐）天平是平衡的。

师：天平是平衡的，说明天平左右两边物体的重量是（相等的）。这样的相等关系在数学上也可以说是等量关系。（板书：等量关系）

师：假如用手势表示天平平衡，可以怎么做？

生：（齐）2个胡萝卜的重量等于1个红萝卜的重量，边说边做手势。

师：第二幅图中，谁和谁有等量关系？

生：3个桃子的重量和2个梨的重量相等。

师：这说明3个桃子的重量和2个梨的重量之间有——

生：等量关系。

师：现在请你把看懂的图的意思用自己喜欢的方式写下来。想一想，怎样表示可以让别人一看就明白？

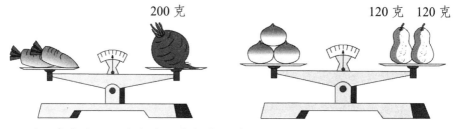

（同桌交流后，依次展示学生作品。）

生1：2个胡萝卜的重量等于1个红萝卜的重量，是200克。

　　　3个桃子的重量等于2个梨的重量，是240克。

生2：2个胡萝卜的重量=1个红萝卜的重量。

　　　3个桃子的重量=2个梨的重量。

生3：2个胡萝卜的重量=200克，3个桃子的重量=240克。

生4：$2x=200$，$3a=240$。

师：大家想到了用文字表示，用文字和符号及字母表示。最后这种方法，有的同学能看懂，有的看不懂，请你来解释一下。

生4：我用 x 表示一个胡萝卜的重量，2个胡萝卜的重量就是2个 x，和

200 克相等。

师：第二个谁来说?

生5：a 表示一个桃子的重量，$3a$ 表示 3 个桃子的重量，120 克是一个梨的重量，240 克是 2 个梨的重量，所以 $3a=240$。

师：这些不同的表示方法，你最欣赏哪一种?

生6：我最喜欢用字母表示，因为它很简便，又能让我们看清楚。

师：其实，这两个式子就是我们今天要学习的方程。你觉得用方程表述有什么优势?

生7：它表述起来又简洁，又方便。

师：如果五（3）班同学还没有学方程，你怎样向他们介绍什么是方程呢? 和同桌一起商量。

生8：方程就是一个等式中含有未知数。

师：他说到了等式，你们觉得什么是等式呢?

生9：我觉得等式就是两个相同重量的物体放在天平两边，用"="连接。

师：用"="连接的式子叫等式。那什么叫方程?

生10：我觉得方程就是含有未知数的等式。

生11：我觉得还要补充一点，方程不一定只有一个未知数，有时候会有两个。

（师生鼓掌）

生12：我还认为方程中的未知数可以用字母表示。

师：在一个等式里含有未知数，我们把它叫作——（板书：含有未知数的等式是方程）

（生齐读）

师：判断一个式子是不是方程要抓住什么特征?

生1：含有未知数。

生2：看它是不是等式。

师：读这两个方程，要读出刚才你们说的平衡相等的感觉。

师：用式子表示下面天平两边物体的重量关系。

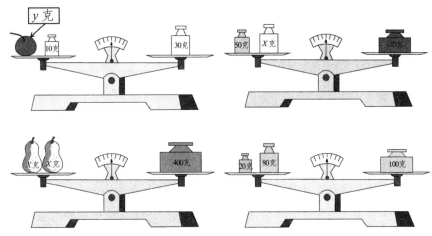

（指名口答：$y+10=30$、$50+x=150$、$2x=400$、$20+80=100$。）

师：刚才写的这些式子都用"＝"连接起来，它们都是什么？

生1：这四个式子都是等式，但是最后一个不是方程，因为它没有未知数。

师：最后一个没有未知数，所以它只是等式。像这样的等式，你还能列举几个吗？

生1：$10+20=30$、$30×4=120$、$1+2=3$……（师板书）

师：这些等式写得完吗？

师：现在请一位同学把黑板上的所有等式用一个圈圈出来，再请一位同学把所有的方程圈出来。

（学生上台操作）

师：观察这两个大圈，你觉得方程和等式有什么关系？

（小组交流）

生1：方程一定是等式，等式不一定是方程。

生2：我补充，方程中一定有未知数，等式有可能有未知数，有可能没有。

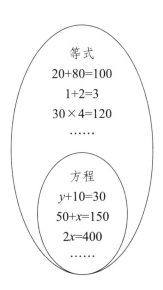

等式
$20+80=100$
$1+2=3$
$30×4=120$
……

方程
$y+10=30$
$50+x=150$
$2x=400$
……

生3：方程是等式中的一部分。

师：看来大家对方程和等式有了比较清楚的认识。请看下图：

用式子表示天平两边物体的重量关系。

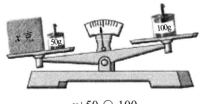

$x+50 \bigcirc 100$

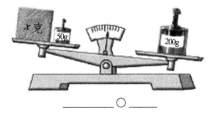

_____ $\bigcirc$ ____

师：现在用式子怎么表示呢？

生：$x+50 > 100$，$x+50 < 200$。

师：这两个式子是方程吗？（不是）为什么不是？

生：不是等式。

师：从哪里可以看出？

生：天平不平衡。

师：不平衡能找到等量关系吗？

生：不能。

师：猜猜看，这两个式子可能叫什么？

生：不等式。

师：刚才我们通过天平认识了方程、等式，还初步了解了不等式。预习时，李同学问：方程和天平有什么关系？现在你明白了吗？

生：天平平衡就说明左右两边的物体有等量关系，不平衡就不存在等量关系。

师：那离开了天平，你能一下子判断出哪个是方程，哪个不是吗？

$6+x=14$ $x \div 3=20$ $60+23 > 70$ $8+x$

$y-28=35$ $5y=40$ $50 \div \bigstar =25$ $\bigstar +4 < 14$

（生用手势表示。重点讨论 $50 \div \bigstar =25$，$\bigstar +4 < 14$。）

师：最后两个，你认为是方程吗？

生1：我认为 $50 \div \bigstar =25$ 是方程，因为污点也可以看成未知数。

生2：我觉得不一定。如果被挡住的是数字2，那就是等式，如果被挡住的是字母，那就是方程。

生3：最后一个肯定不是方程，因为它明摆着是不等式了。

师：如果被挡住的是字母呢？

生3：也不是。

师：依据是什么？

生3：小于号。

师：小于号说明什么？

生3：没有等量关系。

片段三：拓展练习，加深理解

师：下面，我们看一看，生活中哪些地方用到了方程？学了方程，有什么作用？

看线段图列方程：

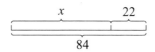

生1：$x+22=84$。

生2：$84-x=22$。

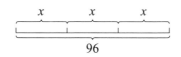

生1：$3x=96$。

生2：$96-x=2x$。

生 3：96÷3=x。

师：列方程的时候，一般把未知数放在等号的左边。

生 3：（纠正）96÷x=3。

师：同一个情境图，列出的方程相同吗？

生：不同。

师：说一说下面各个题目里的数量关系，再列出方程。

生 1：上衣的价钱＋裤子的价钱＝一套衣服的价钱，即 x+38=86。

生 2：一套衣服的总价－一件衣服的单价＝一条裤子的单价，即 86-x=38。

师：这两个数量关系一样吗？列出的方程一样吗？

（学生回答后，出示：根据不同的数量关系，列出的方程式不同。）

师：再选一幅图来说一说。

生 3：借出的本数＋还剩的本数＝原有的本数，即 56+60=x。

师：还可以怎么写？

生 3：x-56=60，原有的本数－借出的本数＝还剩的本数。

生 4：原有的本数－还剩的本数＝借出的本数，x-60=56。

师：剩下两张图，同桌的两位同学各选一个，相互说一说。

生 1：116−x=84。

师：等量关系是——

生 1：一台电话机的钱−付了的钱＝找回的钱。

师：116、x、84 分别表示什么？再理理等量关系。

生 1：用付出的钱−一台电话机的单价＝找回的钱，x−116=84。

师：刚才我连续追问了两个问题，他都能经受住挑战。表扬！

生 2：付出的钱−找回的钱＝一台电话机的单价，x−84=116。

师：我们班同学真厉害，不仅会做，而且会说。最后一个谁来说？

生 3：用 27+x=39，数量关系是：小红的年龄＋妈妈比小红大的年龄差
＝妈妈的年龄。

生 4：39−x=27，妈妈的年龄−小红的年龄＝妈妈比小红大的岁数。

师：同学们说得真不错！下面说说：根据哪个句子可以列出方程？（出
示投影）

买 4 个玩具小熊，每个 y 元，168 元不够。

买 2 个玩具小熊，每个 y 元，168 元多了。

买 3 个玩具小熊，每个 y 元，168 元刚好。

生：买 3 个玩具小熊，每个 y 元，168 元刚好。

师：你找到了怎样的等量关系？

生：因为 168 元刚好，所以 3y=168。

师：为什么上面两个都不能列出方程？

生：没有等量关系。

师："不够"，说明 4y 比 168 元（多）；"多了"，说明 2y 比 168 元（少）。

师：请同学们把眼睛闭起来。刚才没有图，但是我们能从文字中找到隐
含的等量关系。现在，老师的头脑中有一幅图，可以用方程 3x=180 来表示，
你猜猜会是一幅怎样的图？试着把自己的想法画在本子上。

生 1：线段图表示。

生 2：一件衣服 x 元，3 件衣服 180 元。

生3：3个小熊玩偶，每个 x 元，一共180元。

生4：一个皮球 x 元，一副眼镜的价格是皮球的3倍，一副眼镜180元。

生5：每盒巧克力3元，付出180元，正好买了 x 盒。

师：这些图可以用方程 $3x=180$ 来表示吗？想不想看看老师想到了哪些图？（图略）

师：像这样的图能画多少个？为什么老师和同学们画了那么多图，但是却能用同一个方程来表示？

生6：这里的图都可以归纳成一张图，都是把180平均分成3份。

师：所有的图都可以归纳为一张图，都表示——（3个 x 是180），因为它们的什么是一样的？

生：（齐）等量关系。

师：对，等量关系相同，列出的方程也就相同。方程的作用真大，不管有多少图，如果等量关系相同，只要用一个方程就可以概括了。

片段四：自我反思，问题延伸

师：今天这节课我们一起学习了哪些内容？同学们预习时提出的问题都解决了吗？什么是方程？

生：（齐）含有未知数的等式是方程。

师：程同学预习时提出了问题"方程和等式有什么不同"，你来回答。

程同学：方程含有未知数，而等式不一定有未知数。方程一定是等式，等式不一定是方程。

师：沈同学提出了"生活中哪些地方用到了方程"，请回答。

沈同学：有未知数的地方要用到方程。

师：那么，在刚才的课堂学习中，你又产生了哪些新的问题？

生1：方程中的未知数是几？

生2：用方程解决问题会不会简便些？

生3：哪些题目适合用方程来解？

……

师：看来，通过今天的学习，大家又产生了不少新问题。请大家带着问题走出教室，继续你们的数学学习之旅。

下课！

教学反思

<h2 style="text-align:center">基于数学核心概念，挖掘多元教育价值</h2>
——以陈惠芳老师"方程的意义"为例

"方程的意义"是苏教版小学数学第十册第一单元的起始课，也是学生在第二学段"数与代数"领域的一个非常重要的学习内容。之所以说它重要，是因为这节课的知识内容处于中高学段数学认识链的关键节点处，其内涵丰富，辐射量大，将起到承上启下的作用。上好这节课，意义非同一般。具体来说，从基础知识层面上，是学生首次明确可以把未知数当作已知数参与到对等量关系的表达中，是继"用字母表示数"后再一次引领学生经历从"算术"到"代数"领域的重要跨越；从基本技能层面上，学习方程帮助学生打开了一扇从现实世界通往数学世界的窗户，解决问题的途径、技巧得到了拓展；从基本活动经验层面上，这节课将唤起学生过去关于对等号、等式、等价等已有的相对模糊、粗浅、隐性的认识，从而使得学生在发现数学问题、提出数学问题、分析问题、解决问题时的指向更为清晰，数学活动经验在此过程中将得到不断的内化和梳理；从数学基本思想层面看，方程教学是培养学生模型思想的一个极具代表性的课例，学生通过观察直观的天平图，经历用数学语言概括，进而用符号和字母抽象出表示等量关系式子的过程，能体验到通过数学建模是解决问题的重要策略和思想，从而凸显"模型思想"这一核心概念的价值。

因此，对本课的研究，不仅为数学核心概念的落实提供了典型的课例，同时也能为数学教学从形式走向实质提供了思辨的素材。并且，对这类课教学的深入研究，也能引发我们由此及彼地对其他具有相同战略地位的数学课堂教学的深入思考。认真品读了陈老师的教学设计，有以下三方面的感受。

一、教学预设充分强调了核心概念的体会和运用

学生学习数学，获得的最大影响当属数学思想的影响。模型思想作为课标新增的核心概念之一，在教学中需要结合具体的教学内容加以循序渐进地渗透和引导。本课重在帮助学生理解等量关系，并通过"感性经验"到"理性认识"的抽象来帮助学生进行数学建模活动。在教学过程中，教师不仅应目标明确地让学生经历"实际情境—数学问题—已知量、未知量、等量关系—方程（模型）"的数学活动过程，同时还要善于让整个学生群体在不同阶段的数学活动中有高水平的数学思维参与，如抽象概括、分析思考等。将"模型思想"这个核心概念与"方程"这一教学内容紧密联系起来进行深入思考，势必能丰盈学生的数学学习过程，从而推动"四基"的落实。

陈老师在教学过程中牢牢抓住"等号左右两边的两个物体在数学上是等价的"这一数学建模的本质，从具体的、生活的、直观的情境入手，用实物建模来帮助学生建立直观的思维。对于需要学生重点体验的内容——将未知数和已知数参与到等量关系的建立中，陈老师采用的是小步子前进的方法，从观察"仅出现两种水果，不出现具体重量"的天平的平衡情况逐步过渡到"告知其中一种水果的重量，天平仍然平衡"的情况，让学生在相似的情境中感知其微妙的变化。教学的轨迹也在不知不觉中朝着本课所期许的方向发展——在明确了等式一侧物体的重量以后，学生的内心便会产生一种表达未知数量的需求："天平的一侧已经知道了具体的重量，那么天平的另一侧该怎样表示呢？"这样的情境，具体而有含义，其实是"逼"着学生将未知数量当作已知数量参与到对数量关系的表达中去，进而发现"用含有字母的式子"表示的部分和已知的另一部分是相等的。这种在建立模型过程中的整体认知，会在很大程度上引领学生解决问题时转变思维方式，那就是"对于数量关系的关注"要优于"对于计算结果的关注"，由等号的"程序观念"朝着"关系观念"转变。这是学生算术思维向代数思维转换的标志之一，也是

利用方程解决问题的关键所在。

数学概念是固定的，但是呈现概念的方式是丰富的。为了帮助学生进一步感悟模型思想，领会基本的数学建模过程，在教学的第三个环节，陈老师呈现了由天平情境到生活的回归，让学生根据线段图或者文字等素材列出方程，从而进入对数学模型的自觉运用阶段。陈老师让学生在一组练习的思考中，体验列方程解决问题的几个共有的步骤，梳理程序，通过不同作用的练习，让学生感受到，同一个方程可以表达出不同情境中本质相似的数学问题，从而理解数学的概括和抽象；同一个问题可以用不同的方程来表达，让学生体验只要找对等量关系，就能有多元的呈现……

由此可见，尽管本课是学习方程的第一课时，学生还将在后续的学习中不断完善对方程意义的理解，数学化的进程还将进一步推进，但是在新知切入时，教师的角度和立场是至关重要的。如果教师在教学中能超越教学任务的表面特征，从概念的本质入手，将核心概念与其相应的数学基础知识紧密结合，并挖掘出其内隐的思维含量，在横向联结和纵向贯通上多下功夫，我们的教学目标才不会偏离方向，数学课才会从形式走向实质，从而呈现出更丰厚的内涵。

二、教学实施充分体现了概念教学的数学化过程

从数学基础知识的角度来看，"方程的意义"是一个已经形式化、固定下来的重要数学概念，但是从学生数学学习的过程来看，数学课不仅要帮助学生学习数学的这些重要结果，还包括在形成方程的意义过程中经历的意义建构的过程。此过程应该以学生原有的数学经验为根，通过一系列观察、抽象、分类、概括的数学活动，对原有的经验作进一步梳理归纳并产生新的认识。只有这样，才能使学生主动地习得与其经验、能力相适应的数学知识，这个动态的过程便是学生学习数学化的重要经历。

正是基于这样的思考，陈老师在教学实施中尤其关注"方程概念"的动态发生。第一个层次，陈老师巧妙地拉长从现实问题抽象出数学问题的过程，重新处理了教材，从学生熟悉的一年级课本里"比轻重"的情境入手，

让学生重温对"天平平衡"所表示的数学意义的理解，用语言和手势等多种方式表达，对帮助学生提炼等量关系提供了直观模型。第二个层次，在天平左右两边继续保持平衡的前提下，加入数据，让学生进一步体会它们的相等关系，并且要求学生用文字、符号、含有字母的式子等不同方式来表示等量关系，能充分地展现出不同学生的数学抽象水平。无论用哪一种方式表达，都能加深学生对"天平两边物体的重量是相等的"这一本质内容的理解。等号在这里所体现出的表示两边相等的结构性认识被强化，内涵被进一步明晰，学生经历了由现实情境抽象成用数学符号表示关系的过程，积累了"发现实际问题中的数学成分，并对这些成分作符号化处理，把一个实际问题转化为数学问题"的数学活动经验。陈老师的上述教学实施为学生充分经历横向数学化提供了现实材料和机遇。第三个层次，让学生通过观察比较，体会用含有未知数的等式表达数量关系的简洁性，初步感知方程的意义。第四个层次，进一步结合直观情境，引导学生读写方程，并结合正例和反例，不断地将学生的目光聚焦到对认识方程概念中两个关键词"等式"和"未知数"的理解上。第五个层次，通过对"等式"和"方程"两个概念含义的比对与联系，帮助学生明晰概念间的从属关系，两个关联度较高的概念之间的通道被打开。

由此可见，在教学中，教师要善于不断地提供机会让学生由此及彼地主动构建概念网络，这样才能有效促进数学基础知识内部的有序发展。正如郑毓信教授所言：数学基础知识的教学不应求全，但应求联。这种数学知识内部之间关系的梳理正是概念学习数学化的必经之路。后半阶段是"在数学范畴之内对已经符号化了的问题中的数学成分作进一步抽象化的处理"，便属于纵向数学化的过程。

在陈老师富有层次感的教学实施中，我们看到了实际上就是教师目标明确地引领学生进行数学再创造，将原本在个体头脑中相对粗浅、片面、原始的经验通过概括、辨析等数学活动逐步生长为较为系统、明确的数学概念，对事物的认识和思考方式得以拓展。这个过程足以说明，数学学习就是学生带着自己的知识经验，朝学科知识逐渐靠近的过程。而这个数学化的过程，不能被随意压缩，而是应充分展开。因此，教师要有意识地拉长知识抽象的时间跨度，保证不同的学生都能有多层次、多形式的深度体验机会。

三、教学方式充分关注对自主学习的引导和点拨

致力于对学生学习方式的改善，一直是新课标的核心理念。《义务教育数学课程标准（2011 年版）》中所提到的教学活动其实就是"学与教"的整合。如何让不同程度的学生通过每节课的学习都有不同的收获？如何采用合理的课堂组织形式，既让学生个体的数学经验为自身的知识生长服务，体现出学习的个性，同时又让更多的学生在多方互动中实现学习资源的共享、共融、共生，从而实现群体的共同发展？这里涉及的很多问题都是对教师教育智慧的考验。一节好的数学课，必定能启发学生主动探索和积极思考，也必然能在促进学生持久的学习力上起到积极影响。无疑，陈老师的这节课非常自然地呈现出数学课简约、生动、深刻的特点，同时也让我们感受到"先学后教，以学定教"的教学主张所带来的深远影响。

为了保证学生有足够的时间和空间经历观察、猜想等活动，陈老师大胆尝试了课前预习—课中导学—反思延伸的教学组织形式。首先，开门见山。以了解学生预习后的真实情况为本课的开始，梳理学生的已知，了解学生的困惑，确定教学的起点。其次，问题引领。基于学生现状，师生共同归纳提炼了三个凸显学习内容本质的数学核心问题统领全课，即什么是方程？方程与等式有什么区别和联系？学了方程有什么用？这些核心问题的揭示，既帮助学生明确学习目标，又在某种程度上构建了本节课的学习框架。再次，适时介入。为了帮助学生理解方程的本质意义，而非停留在形式化的判断上，教师在学生形成方程概念的关键阶段体现了应有的主导作用：一是关注对等量关系的个性化表达，从学生对情境的原生态描述逐步走向概念的数学刻画过程中，渗透优化；二是关注了概念形成过程中的变式，提供了含有未知数的不等式、不含有未知数的等式等仅具有方程概念部分本质属性的例子，在这些素材的有效辨析下，学生对方程意义的理解就更深入了一步；三是关注了有效的反思，从对本节课一开始提出的三大核心问题解决过程的回顾，帮

助学生梳理学习方法，突出对知识获取过程的反思，为学生学会数学思维明晰了方向。

由此可见，教师在教学中的主导地位始终是毋庸置疑的，关键是要把握好"放与收"的时机，"学与导"的契机。从这个角度来说，陈老师的教学实践为"预习后的数学课该怎么上"提供了一个可供借鉴的范例。我们不仅看到了一位智慧型教师对教材把握的功力，同时也看到了在数学核心问题的引领下学生思维的发展轨迹。当然，本课也引发了我们相应的思考，学生的预习对教师的教学预设带来了哪些新的挑战？非线性的课堂中，即时的生成又会对教师的课堂实施提出哪些要求？这些都有待于我们进一步在实践中摸索出行之有效的方法。

（江苏省苏州市敬文实验小学校长、特级教师　张苾菁

江苏省张家港市教育局教学研究室　陈惠芳）

例谈信息技术与数学课堂教学的有机整合

—— "三角形的内角和"教学评析

随着信息技术在小学数学中的广泛应用，信息技术在教学实践中表现出无可比拟的优势，是辅助完成教学任务、改变数学学习方式的重要途径之一，必须加以充分应用。那么，信息技术给小学数学教学带来了什么改变？怎样整合信息技术和数学教学呢？重庆市南岸区珊瑚实验小学雷霖老师的这节课就很好地体现了两者的整合。

片段一：复习旧知，引入课题

师：（出示一个长方形）这是我们学过的长方形，它的角有什么特点？

生：它有四个角，每一个角都是直角。（教师课件闪动直角）

师：我们把这四个角都叫作长方形的内角，这四个内角度数的和叫作长方形的内角和。（板书：内角和）

师：你能告诉我长方形的内角和是多少度吗？

生：应该是 $360°$，因为有 4 个直角，$4 \times 90° = 360°$。

师：我们通过计算得出长方形的内角和是 $360°$，请你接着往下看（课件演示：长方形拆分成两个直角三角形）。

师：现在变成了两个直角三角形，你能告诉我一个直角三角形的内角和是多少度吗？

生：我认为是 $180°$，用 $360° \div 2 = 180°$。

师：现在我们发现每个直角三角形的内角和都是 $180°$。

师：再看（课件分别出示：直角三角形—钝角三角形，直角三角形—锐角三角形），现在你能猜一猜这两个三角形的内角和是多少度吗？

生：我觉得可能还是180°。

生：我觉得锐角三角形可能是170多度，因为锐角比直角小，所以内角和也应该要小一些。

（教师板书学生的猜测并标上问号：三角形的内角和是180°？）

师：合理的猜测是研究的重要前提，但是要得出正确的结论，必须通过科学的验证。（揭示课题，板书课题。）

点　评

学生已经认识并掌握了长方形的特征，从这一旧知引入，化难为易，自然切题，让学生感到学习轻松、和谐与自然。同时，通过课件的演示，学生很直观地发现直角三角形的内角和就是180°，从而引发学生的猜想："究竟其他三角形的内角和是多少度？"在教学课件与问题情境的共同影响下，学生既有理性的分析认知，又有大胆合理的猜测，无形中激发了学习的兴趣和探索的欲望。

片段二：实践探究，得出结论

（实践操作：量一量、算一算）

师：你准备用什么办法来验证刚才的猜想呢？

生：先用量角器量出三角形每个角的度数，再把它们加起来。（师板书：量一量）

师：这个方法不错，下面就请你拿出课前准备的三角形，利用手中的量角器，根据活动要求进行探究。请打开网站的活动一。

师：我来出示一下活动要求：

（1）四人一组，利用手中的工具测量出三角形三个内角的度数，并计算出它的内角和是多少。

（2）请组长收集三角形，将得出的数据输入表格。

（学生拿出自己准备好的三角形，按教师的要求进行探究活动。教师利用多媒体教室的点播功能展示学生收集的数据。）

师：我们一起来看看这几位同学的答案。（教师利用多媒体随意展示其中一位学生在自己电脑上完成的表格）

测量结果			
∠A	∠B	∠C	三角形内角和
60°	37°	80°	177°
29°	135°	17°	181°
45°	44°	90°	179°

师：联系我们刚才的猜想，再观察你们测量的结果，你们发现了什么？

生：我发现这些三角形的内角和有的是180°，有的不是180°，但都很接近180°。

（实践操作：拼一拼、折一折）

师：的确，通过测量，我们发现三角形的内角和都在180°左右，但因为测量存在误差，所以结果还不够准确。请问你有没有更好的方法呢？和同桌商量一下，利用手里的三角形试一试，寻找更加准确的方法。

（学生同桌之间讨论，利用手里的三角形进行尝试。全班交流，展示各自的方法。）

师：有谁愿意把自己的方法展示给大家看一看？

生：我把这三个角剪下来，再拼在一起，发现是一个平角，所得到的这个锐角三角形的内角和是180°。

师：这种方法我们给它取个名字，可以是——

生：拼。（师板书：拼）

师：还有其他方法吗？

生：我把三个角折到一起，也是一个平角。

师：说得真完整。（板书：折，并作课件演示）再请全班同学尝试自己动手折一折。

师：刚才我们把手里的三角形，拼了拼，折了折，不管是拼还是折，都是把三个内角合成一个平角，由此证明我们手里的三角形内角和是180°。

点　评

在这个片段中，教师引导学生积极思考、探索研究求三角形内角和的方法。从学生最容易想到的、最朴素的量一量的方法到拼一拼、折一折，学生经历了三角形内角和的探究过程，从有误差到没有误差，引导学生的思维从直观形象逐步向抽象逻辑思维发展。在这一过程中，教师巧妙利用多媒体教室的点播功能，及时呈现、反馈学生测量的数据，利用 Flash 软件的动画功能展示拼、折的过程，让学生看到探求三角形内角和的不同方法，使学生初步掌握三角形的内角和是180°。

片段三：随机验证

师：是不是其他任意三角形的内角和都是180°？老师给你们设计了一个数学游戏，这个游戏可以生成很多的三角形。请一位同学任意拖动它的角或边，得到三个内角的度数，另一位同学记录这些度数，再把它们加起来，看看是不是180°。（师边说边演示）

（学生通过电脑游戏，随机验证，将输入的数据记录在下表中。）

内角和表			
∠A	∠B	∠C	三角形内角和

（教师提取数据，引导学生观察，说说自己的发现。）

师：从游戏结果中，你发现了什么？

生：我发现三角形的内角和都是180°。

师：我们再看看另一位同学的，你发现了什么？

生：我发现任意三角形的内角和都是180°。

师：通过量、拼、折，以及随机验证生成的大量的三角形，都证明了一个科学的结论：三角形的内角和是180°。

（生齐读结论）

点　评

学生利用手中的三角形，通过量、拼、折，初步发现三角形的内角和是180°。为了增强这一结论的科学性，教师利用几何画板的功能设计了电脑游戏，让学生通过大量随机生成的三角形来验证得到的结论，体现了数学的严密性。在这一过程中，学生主动参与其中，在动手实践的过程中感知了三角形内角和的知识，加深了对这一知识的理解和掌握。

新课程标准指出：要让学生"获得适应社会生活和进一步发展所必需的数学基础知识、基本技能、基本思想、基本活动经验"。本节课中，教师通过"创设情境—大胆猜想—实践操作—游戏验证"的一系列活动，引导学生积极参与三角形内角和的探究过程，并通过不同的方法来探索、证明所学知识。在教学中辅之以Powerpoint、Flash、几何画板等现代信息技术，不仅让学生掌握了所学知识，而且发展了数学思维，积累了基本活动经验，实现了信息技术与数学课堂的科学整合。

教者反思

"三角形的内角和"是在学生已经学习了三角形的特征以及三角形分类

的基础上进行的，为的是进一步研究三角形三个角的关系。教材在呈现本课教学内容时，不但重视体现知识形成的过程，而且注意留给学生充分自主探索和交流的空间，让学生通过观察、实验、讨论等一系列实践活动，推理归纳出三角形的内角和是180°。掌握本课知识，可积累数学活动经验，不断提高自己的思维水平。

数学课程标准指出："信息技术与数学课程适当整合，能够完善数学学科知识的呈现方式。"在学习本课之前，学生已经掌握了三角形的概念、分类，熟悉了钝角、锐角、平角这些角的知识，甚至大多数学生已经知道三角形的内角和是180°，所以我把本课的重点放在如何验证三角形的内角和是180°上。如何突破这一重点呢？信息技术的合理运用无疑是最好的选择。同时，我校四年级学生已经具备了较强的信息素养，这就使本节课与信息技术进行整合成为可能。为此，我设计了"三角形的内角和"这一专题网站，将网络中散落的资源进行整合与集中，以提高课堂效率。

一、情境设疑，科学猜测

教学的艺术不在于传授知识，而在于唤醒、激发和鼓励。刚开始上课，我利用课件展示一个长方形，学生很容易得出它的内角和是360°。再把这个长方形沿其中一条对角线剪开，拆分为两个直角三角形（课件展示），学生推导出直角三角形的内角和是180°。然后，通过课件利用拖动的方式，把两个直角三角形分别变成锐角三角形和钝角三角形，再让学生猜一猜它们的内角和各是多少。这样的问题充分调动学生学习的积极性，使学生萌生了想了解其中奥秘的想法，激发了学生探究新知的欲望，为学生主动学习营造了良好的氛围。

1.操作体验，巧妙验证。

根据直角三角形的内角和是180°，学生很容易猜测出锐角三角形和钝角三角形的内角和也是180°。那么，如何验证呢？学生通过量一量、折一折、拼一拼，再利用几何画板设计的程序，随机验证，得出三角形的内角和是180°。具体做法如下：

量一量：

根据学生的认知特点，他们会直接利用量角器测量来验证。学生四人一组，利用手中的量角器测量出三角形每个内角的度数，再计算出这些内角的度数和。然后，组长收集测量结果，并输入计算机的表格。教师展示学生测量的结果，学生发现，通过测量，三角形的内角和有的是180°，有的不是180°，但都比较接近180°。然而，这些数据不足以证明三角形的内角和就是180°。

拼一拼、折一折：

由于测量这种方法存在误差，那么怎样才能更加准确地证明三角形的内角和是180°呢？学生自主讨论，并利用手里的三角形进行尝试，有的动手拼一拼，有的动手折一折。不管是拼还是折，都是把三角形的三个内角合成一个平角，由此说明三角形的内角和正好是180°。学生为自己找到这样的方法高兴不已。这种高兴不仅是学生成功尝试的一种快乐体验，更使学生初步体会到猜想与验证的意义所在。

2. 随机验证。

数学课程标准指出："信息技术与数学课程适当整合，能够提供丰富多样的学习工具。"根据这一指导思想，我利用几何画板程序的画图功能设计了一个电脑游戏。虽然学生利用手中的三角形初步发现三角形的内角和是180°，但这些三角形毕竟只是三角形这个概念中的极少部分，为了增强其科学性，教师质疑：是不是所有三角形的内角和都是180°？带着这个问题，学生开始玩一个电脑游戏：利用几何画板程序的功能，随意拖动三角形中的任意一个顶点或一条边，使其变化为形状、大小不同的三角形。几何画板程序能很快测量出三角形每个内角的度数。学生再计算出这三个角的度数和。他们通过任意拖动、测量、计算等活动发现，无论变成什么样的三角形，其内角和总是180°。

3. 快乐练习，网上交流。

数学课程标准指出：信息技术与数学课程适当整合，能够启发学生的思维，优化学生认知，优化课堂教学结构，促进学生积极主动地参与学习。借助信息技术的数学学习，是无边界的自由学习，不同的人可以学习不同的数学课程，师生之间、生生之间、生机之间可以不受时空限制展开交流。所以在练习环节，我在本课的专题网站上设计了"机智拼版""课外延伸""深度报道"等游戏，把学生喜欢的动画形象、课外知识与数学有机地联系在一起。学生自由选择，随意交流，在玩中学、学中玩，极大地激发了学生的学习兴趣。在这里，信息技术的适当使用，让学生选择适合自己的课堂练习成为可能，数学教学反馈更为便捷，在人机交互学习时，切实为学生提供"因材施教"的材料，及时展示，便于大家进一步讨论和交流。这正体现了"信息技术与数学教学整合是实施教育现代化的需要"这一理念。

4. 教学效果。

本节课中，信息技术与数学学科有机整合，充分利用信息技术的优势，让学生通过科学猜测、操作体验、巧妙验证，顺理成章地得出三角形的内角和是180°。在这一过程中，学生感受到数学学习的方法，完善了自身的数学思维，提高了学习能力。可见，信息技术为数学教学注入了新的生机与活力！

（重庆市南岸区珊瑚实验小学雷霖、特级教师胡庆）

真实的课堂，涌动的激情

——特级教师吴正宪"平均数"一课教学评析

吴正宪老师是北京教育科学研究院基础教育教学研究中心小学数学室主任，本文记述了她到北京通州区某偏远农村中心小学支教的情况。"平均数"一课是吴老师的一个经典教学案例，每次执教，她都演绎得非常精彩。这次面对一群没见过面的小学生，吴老师又是如何凭借自身高超的教学艺术和魅力演绎教学精彩的呢？我们一起看看。

片段一：激情设疑，引出平均数

师：南边三行，北边三行，各选 3 名同学举行 1 分钟排球比赛。

（教师记录比赛结果：

甲队：1 号 14 个、2 号 2 个、3 号 5 个；

乙队：1 号 3 个、2 号 10 个、3 号 9 个。）

师：把每队的总数算出来是多少？

生：甲队 21 个，乙队 22 个。

师：比总数，胜利队是乙队。现在老师想加入甲队，你们欢迎吗？（欢迎！）老师拍球，1 分钟拍了 9 个。21+9=30 个。现在老师宣布最后的胜利队是甲队！（故意提高声音，眼睛看着乙队的同学）

乙队：老师，不公平！我们队 3 人，甲队 4 人，比总数不公平。

师：怎样比才公平呢？

生：甲队去掉 1 人。

生：乙队增加1人。

师：如果乙队不增加人数，甲队不减少人数，甲队就是4人，乙队就是3人，怎样比才公平？

（生陷入沉思，没有对策，教师引导学生讨论。）

生：用30÷4，再用22÷3。

师：说说你是怎么想的？能利用题中的数据列出综合算式吗？

生：（14+2+5+9）÷4　　（3+10+9）÷3

=30÷4　　　　　　　　　=22÷3

≈8　　　　　　　　　　≈7

师：8是谁拍的？

生：平均每人拍的球数。

师：（指1号）是你拍的吗？

生：不是！

师：那你的怎么变成8了？你的那6个球哪去了？

生：给2号和3号了！

师：（指2号）8是你拍的吗？

生：不是！

师：那你的怎么变成8了？

生：1号给的。

师：这里边是不是也有我的一份功劳呢？我也要送给别人1个呢！这就是移多补少。多的变什么了？（少了）少的变什么了（多了）？4人变怎样了？

生：一样多了！平均了！

师：8就叫平均数，它反映了每个队拍球的总体水平。哪队的总体水平高一些呢？

生：甲队。

师：在两队人数不等，比总数不公平的情况下，谁来了？（平均数）你想对平均数说点什么？

生：平均数，谢谢你，给我们带来了公平。

师：平均数是谁带来的？（田鑫！）让我们把掌声送给他！

片段二：拓展练习，深入理解平均数

（理解平均数的取值范围，出示统计表：某科技馆5月1日至5日参观人数统计。）

参观人数统计表

日期	参观人数
5月1日	1100人
5月2日	1300人
5月3日	1000人
5月4日	900人
5月5日	700人

师：从表中你看懂了什么？估计一下：科技馆大约平均每天有多少人来参观？

生：1000、2000、3000、1000、1400、2000、800、800、1000……

师：大家猜得准不准呢？怎么验证？（算！学生计算出是1000。）

师：怎么得到的？

生：（1100+1300+1000+900+700）÷5=1000。

师：有没有根本没计算，一看就知道了的？

生：1号的给4号，2号的给5号。（教师用条形统计图演示移多补少的过程）

师：先加再除，或移多补少都能得到平均数。

师：刚才有4人得到的不是1000，怎么错的？

师：刚才谁猜得和1000差不多？请猜2000、3000的几位同学到前边来。

（请这几位同学问问其他人为什么不猜2000或3000）

生：不可能！因为最高是1300。

师：那我猜 300 行不行？

生：不行，最低不能低于 700。

师：（指着几个猜高了的学生）虽然你们几个猜高了，但通过你们与同学们的交流，给我们带来了很大的启发。你们还修正了自己的意见，我们应该把掌声送给你们。（掌声）

（理解平均数的计算方法，课件出示统计图。）

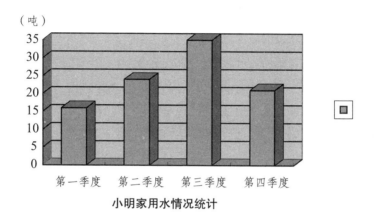

小明家用水情况统计

师：小明家平均每月用水多少吨？下面三个算式，你觉得哪个算式是正确的？

（1）（16+24+35+21）÷4

（2）（16+24+35+21）÷12

（3）（16+24+35+21）÷365

（一开始学生都选 1，教师引导学生回忆一年有几个月，题中问的是什么，与学生平等交流；引导学生在变析中发现计算平均数时应注意的问题。）

感　悟

听特级教师吴正宪老师的课真的是一种享受。她匠心独运的教学设计，高超的教学艺术，高尚的人格魅力，与学生零距离的沟通，无不感染着在场的每一位听课教师和学生。教师无不为她新理念指导下的课堂教学模式所折服——"这才是新课程理念下所追求的理想境界"。

特别是这节课是在农村一所偏远的学校进行的，面对的是一群没上过校级公开课的怯生生的小学生。当课前吴老师问道"你们是喜欢上课还是喜欢做游戏"时，学生齐声回答："喜欢上课，不喜欢做游戏。"当吴老师参加甲组的拍球比赛，使甲组取得胜利时，乙组的同学就是没反应。在吴老师的再三启发下，才有一个学生在下面嘤嘤私语"不公平"。在吴老师的启发感染下，这样的一群小学生，从说"假话"、不说话、不参与到积极踊跃直至不愿下课，这是何等高超的教学艺术！

本节课中，吴老师所安排的每一个教学环节，无不体现了她对教材的深入理解和匠心处理。拍球比赛极大地激发学生的求知热情，使学生深刻体会到当比总数不公平时需要比平均数，简单的游戏却蕴含着深刻的数学道理，使平均数的产生水到渠成。平均数产生以后，吴老师的即兴采访："8是谁拍的？""你的那6个球哪去了？"使学生对平均数移多补少的本质有了深刻的理解。估计科技馆每天参观的人数，使学生理解并掌握了如何估计一组数据的平均数，它的取值范围是什么。

让我感触最深的还是吴老师课上的两次掌声。第一次掌声，送给了那个第一个想到用平均数解决问题的学生。掌声既鼓励了这个善于动脑筋思考的学生，又极大地激发全体学生的参与热情，课堂寂静的坚冰被打破。第二次掌声送给了那些在估计一组数据时出现错误的同学。"估计错了有什么好鼓励的，不动脑筋不认真思考"，这是一般教师的惯性处理。而吴老师用"虽然你们几个猜高了，但通过你们与同学们的交流，给我们带来了很大的启发。你们还修正了自己的意见，我们应该把掌声送给你们"的教学评价，不但保护了学生的自尊，而且对这些学生敢于发表自己意见、积极与同学交流的学习态度与探索精神给予了充分肯定。学习本身就是一个不断修正错误的过程。吴老师不但爱那些聪明伶俐的好学生，更爱那些在学习上遇到困难的学生，这是师爱的最高境界。

（北京市通州区教师研修中心特级教师 赵美荣）

让一步，海阔天空

——特级教师贲友林"圆的认识"一课教学赏析

德国哲学家海德格尔说过："教师，他得学会让他们学。"海德格尔的这一"让学"理论，明确提出教学活动的本质是让学生学。"让学课堂"是我校数学团队的教研课题，同时也是江苏省"十二五"重点课题。为了帮助教师理解"让学课堂"的意蕴，我校邀请了江苏省特级教师贲友林来我校上课，内容是"圆的认识"。

"圆的认识"是小学数学中非常经典的案例，几乎所有的大师都上过此课，那么贲友林老师又是如何上出不一样的精彩的呢？他的亮点在于紧紧抓住"让学"二字。整节课上，教师通过一张学习研究单，组织学生练习、反馈、交流、延伸，课堂全部让给学生展示精彩，教师退居幕后，成为无名英雄。

具体是如何让学的呢？我们一起来看一看。

课前准备：

贲友林老师精心设计了一张学生学习研究单，内容包括课前预习、课中探究、课后延伸三部分。课前预习包括：用圆规画一个圆，你知道圆的特征和各部分的名称吗？课中探究主要是画圆，分成三个层次：（1）画一个圆，点 A 在圆上；（2）画一个圆，点 A、B 都在圆上；（3）画一个圆，点 A、B、C 都要在圆上（先在图中标出 C 点，再画圆）。课后延伸包括两部分：（1）想一想下面的图形是怎样画出来的，试着画一画；（2）设计一组有圆的图形。

这张研究单提前一天发给学生回家预习。值得关注的一个细节是：贲友林老师上课之前将学生的研究单收齐，然后一一浏览学生的研究单，对学情有了充分了解。正因为这个细节，贲老师才能做到胸有成竹，游刃有余，在课堂上充分"让学"。

片段一：在交流中认识圆

（贲友林老师取出一张空白的学习研究单，用投影仪展示出来。）

师：同学们在家都研究了这份学习单了吧？请拿出来和同桌交流第一题：圆的认识和特征。

（同桌交流起来）

师：谁来说说对圆的认识？

生：圆是由曲线围成的平面图形。

生：圆有无数条半径和直径。

生：直径是半径的 2 倍。

生：圆心用 O 表示，半径用 r 表示，直径用 d 表示。

生：圆的周长是 $C=2\pi r$，面积是 $S=\pi r^2$。

师：你们会用圆规画圆吗？请一位同学上来画一个圆，其他人注意观察，要评价他画得好不好，好在哪儿，不好在哪儿。

（师请一位同学在学习研究单上画一个圆，其他人通过实物投影仪观察他的动作，然后评价。）

生：他好在圆的中心没有偏。

师：对，这个中心，就叫作什么？

生：（齐）圆心。

师：画圆的第一步是中心不能偏，这一步叫作"定点"。

（教师板书：定点 圆心）

师：定点后，他怎么做的？

生：圆规转了一圈。

生：有铅的那头旋转了 360°。

师：你们观察得真仔细！他是旋转了360°，这一过程中，什么不动？

生：有铅的那个脚不能变，不然画得就不圆了。

师：有铅的脚不动，也就是圆规这两个脚之间的距离不能变，这叫作"定长"，圆规两脚尖的距离叫作圆的什么？

生：半径。

（师板书：定长 半径）

师：请大家在自己画的圆上，画一条半径，标上字母O、r。

（学生动手画半径）

师：你们画的半径是什么样子？

生：半径是一条线段。

师：线段都有两个端点，半径的端点在哪儿？

生：一个端点在圆心，一个端点在圆上。

师：你们再画一条直径，看看直径是什么样子，和半径有什么联系。

（师板书： 直径 d）

（生动手画直径，标d）

生：直径也是一条线段，两个端点都在圆上。

师：喔，那这样的线段是直径吗？

（教师随手添了一条两端在圆上、没有通过圆心的线段。）

生：直径要穿过圆心。

生：直径是半径的两倍。

师：你们还有什么发现？

生：直径可以画无数条，长度都相等。

生：半径有无数条，长度都相等。

生：半径是直径的一半。

生：圆是轴对称图形，有无数条对称轴。

师：圆的对称轴其实就是什么？

生：（齐）直径。

（师板书：无数条都相等 $d=2r$ $r=d\div2$）

贲老师准确把握学生已有的经验，将画圆方法一带而过，重点放在利用画圆认知圆的特征上。通过操作、观察、交流、评价等一系列活动，学生在自主探究与合作交流中认识了圆的各部分名称，初步理解半径、直径的关系，突破了"半径""直径"概念理解中关于"圆上"的认知难点。这样将圆的认识与画圆结合起来，使认知概念变得直观形象，而动手操作具备思考性，提高了学生认知理解的深度。

片段二：在操作中理解圆

（第一次画圆）

师：同学们都会画圆了吧？你们会根据要求画圆吗？

（教师出示学习研究单：画一个圆，要求点 A 在圆上。学生画圆，请一人上台展示。）

师：他画的圆点 A 在圆上吗？

生：（齐）在。

师：这个圆半径是多少？

生：半径 2 厘米。

师：它的圆心在这儿，标 $O1$ 吧！

（师在学生的纸上标出圆心 $O1$）

师：想一想，如果半径还是 2 厘米，点 A 在圆上，还可以怎么画圆？谁来试一试？

（学生分别上台画出第二、三、四个圆，标出圆心 $O2$、$O3$、$O4$。）

师：还可以画多少个？

生：（齐）无数个。

师：这些圆哪些地方相同，哪些地方不同？

生：半径都是 2 厘米，圆心不同。

师：圆心不同，其实是圆的位置不同。所以说，什么决定了圆的位置？

生：（齐）圆心。

师：继续画下去，这些圆的圆心在这儿，在这儿……连成一个什么？（教师在纸上点出几个圆心）

生：这些圆心能连成一个圆。

师：多神奇呀！新的圆的圆心、半径在哪儿？

生：圆心是 A 点，半径还是 2 厘米。

师：原来的 $O1$、$O2$、$O3$ 变成了什么？

生：变成圆上的点了。

师：所以，从圆心 A 点到圆上任意一点的距离——

生：（齐）都相等。

师：你们画的圆半径最大是多少？最小的呢？

生：最大的圆半径是 3 厘米，最小的是 1 厘米。

师：圆的大小由什么决定？

生：（齐）半径。

（第二次画圆）

（师出示学习研究单：画一个圆，点 A、B 都在圆上。学生动手画，指名展示。）

师：要想 A、B 点都在圆上，圆心在什么位置？

生：圆心要在 A、B 点的中间。

师：还有别的画法吗？想到的上来标出圆心位置就可以。

（学生思考了一会儿，有人上台点出 $O2$，与 $O1$ 在同一条垂直方向的直线上。受他启发，陆续有人标出 $O3$、$O4$，都在同一条直线上。）

师：点 A、B 都在圆上，可以画多少个圆？

生：（齐）无数个。

师：这些圆的圆心都在——

生：（齐）同一条直线上。

（第三次画圆）

（师出示学习单：点 A、B、C 都在圆上，先标出 C 点再标出圆心就行。学生思考、动手，然后展示。）

师：如果圆心在这儿，那么 C 点还可能在哪儿？

（生陆续上展台用笔标出 C 点的可能位置）

师：C 点所在的位置都在——

生：（齐）圆上。

点 评

对画圆的探究是本课的最大亮点。在三次画圆中，学生对圆的理解逐层加深，在操作中自主感悟出"圆心决定圆的位置，半径决定圆的大小"。全体学生共同经历了知识的形成过程，在操作中感悟，在体验中升华。学生从按要求画一个圆，发现能画无数个圆，这些无数的圆的圆心位置连成一个圆、一条直线，数学学科的开放性、灵活性、逻辑性在这里体现得一览无余。同时，这一环节的教学活动还充满哲理。先是点 A 在圆上画一个圆，发现半径相等时可以画无数的圆，画的无数的圆的圆心在同一个圆上，成为新的圆上的一点，而原来的 A 点则成了新圆的圆心。这样的转化，不禁让人陶醉在圆的奇妙中了。

片段三：在创造中欣赏圆

（师出示学习单第三部分：想一想下面的图形是怎样画出来的，试着画一画；设计一组有圆的图形。）

（学生动手模仿画、创造画，这时下课铃响了。）

师：这些图形都是由什么变成的？

生：圆。

师：圆是多么奇妙的图形呀！可惜时间不够了，你们还没来得及用圆设计图形，老师也没有这个眼福了。请课后继续完成设计图形的练习，相信你们一定能设计得很漂亮！

学生经历了前面三次画圆的活动，这一环节的模仿画图水到渠成。他们很快找出组合图形的圆心与半径，从而顺利画出图形，相信他们也能创造出属于自己的美丽图案。

教学反思

特级教师贲友林上的这节课"圆的认识"让人耳目一新，完全颠覆以往的经典案例，上出了不一样的"让学"味道。这节课上，贲老师绝大多数时间都是笑眯眯地站在一旁，学生成为绝对的主角，不断地观察、操作、交流、争辩、评价、反思、欢呼。数学课堂成了学生思维激荡的空间。我从贲老师的这节课中学会了如何实现"让学"。

1. 明确学情，让学有度。

以往的"圆的认识"，课堂都会将画圆、圆的特征作为教学重点，花大量的时间认识圆规，学习画圆的方法，练习画指定半径、直径的圆，了解半径和直径的概念，辨析两者的关系。贲友林老师独树一帜，画圆方法一带而过，半径、直径的关系也仅是学生交流了几句，他将课堂重心放在通过不同层次的画圆理解圆心、半径与圆的关系。他的这节课无论从学生的学习兴趣，还是学习参与深度，甚至对圆的认知程度都高人一筹。贲老师能做到如此"让学"，与他的课前学情了解分不开，也与学习研究单的预习指导功能强大分不开。

2. 师退生进，让学有法。

这节课上，贲老师彻底"让学"，相信学生能做到。因此，课堂上他胸有成竹地站在一边，偶尔顺着学生的回答追问一两句，真正成为课堂的组织者、引导者。学生则成了学习的真正主人，他们在思考中操作，在操作后反思，在交流中达成共识，在辩论中得出真理。三个层次的画圆难度很高，贲老师却敢于放手，让学生独立思考，在交流中发现不同方法，从而使学生思维水平得到提高。教师让得越多，学生的表现就越精彩。

3. 开放拓展，让学有效。

贲老师的课堂是开放的、灵动的，学生的思维在不断碰撞。这就是"让学课堂"的显著特征，这个特征与数学学科的特性是密切吻合的。新课程标准指出："学生的数学学习活动应当是一个生动活泼的、主动的和富有个性的过程。"这就要求教师在数学教学全过程实施开放式教学，创设有利于学生发展的开放式教学情境，搭建展示学生个性的舞台，激发学生的学习活力，促进学生全面发展。让学课堂，就要设计开放性问题，避免封闭性；开发拓展性练习，避免重复性的基础练习。在开放的氛围下，学生才能畅所欲言，敢于展现自己的风采。

让一步，海阔天空。

（南京信息工程大学附属实验小学　周云）

尊重学生的活动源于前测对学生的了解

——对一节尊重学生解决问题路径的活动课的思考

作为教师，面对孩子，我们要以尊重的姿态与他们平等交流：尊重学生的元认知，尊重学生解决问题的思考路径，尊重学生前测中解决问题的方法；在尊重的基础上帮助学生，关注学生的心理变化；将学生没有完成的学习内容"不一样的日历"在头脑中勾画完成。在"拉长"的"不同日历"中，完成做标记、列表、列举等方法的学习，感受集合思想。

尊重学生的需求，让日历在学生解决问题时出现；尊重学生的感受，组织帮助学生在亲历亲为中"自悟""交流"。课程结束时，让学生在新问题的驱动下，引发新思考、新发现，实现学习的真正发生。

▎课例回放▎

"时间与数学"的教学过程如下。

一、创设情境，提出问题

师：同学们，我从王老师那里获得了一些你们出去度假的照片，一起看看，都是哪些同学的照片？

……

师：一家人一起出行，是件很幸福、很快乐的事情！奇思想12月去滑雪，可他遇到了问题，我们一起来看看。

奇思的爸爸是个火车司机，每工作 3 天后休息 1 天；

奇思的妈妈是飞机乘务员，每工作 1 天后休息 1 天；

奇思是个小学生，周六、周日休息。

师：针对奇思家的这种休息情况，你觉得奇思会遇到哪些问题？

生：父母共同的休息日？父子共同的休息日？母子共同的休息日？全家共同的休息日？

师：好，那我们先一起解决全家共同休息日的问题。

设计意图

联系生活情境，提出数学问题，培养学生的问题意识。所提问题为后续解决问题作好准备。学习从提出问题开始，在解决问题的过程中增强学好数学的信心，在构建寻求方法、主动探究的场景中逐渐解决数学问题，从而获得成就感。

二、问题驱动，激发元认知

1. 独立思考解决问题的方法。

学生独立完成一家人的"共同休息日"。

2. 怎么给别人讲明白。

陆续有写完的同学，教师用手势提醒写完的学生看屏幕。

屏幕提示：你怎么让别人看懂，并能听懂你的方法。

三、问题引领，引发认知冲突

1. 分小组继续解决"共同休息日"的问题。

小组合作提示：

◇讨论、交流自己的想法；

◇需要工具或者寻求帮助的请向教师举手示意。

陆续有小组将解决问题的方法贴到黑板上，教师让学生看屏幕上的新要求。新要求如下——

注意：观察黑板上贴的方法，如果你们小组的方法不同，请贴到黑板上。

设计意图

在对比和观察中，让学生了解别组的方法，再次判断自己的方法与黑板上的方法的异同点。在问题的引领下，此环节呈现的信息量大，学生会有应接不暇的感觉，应给予学生充足的时间，让他们尽力观察、对比，完成自己的思考。同时，引发学生认知上的冲突，为后续教师和学生一起经历汇报的过程作好准备。

四、问题解决，互补与提升

1. 尊重学生解决问题的策略。

问题解决过程中，学生构建了自己解决问题的模型，如列表、列举、标记、符号……生生间进行交流与对话。

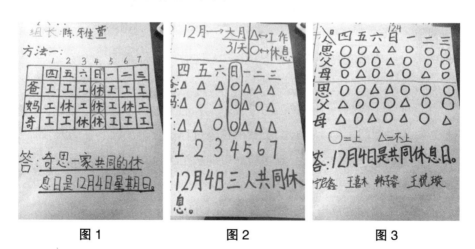

图1   图2   图3

图1这样的形式和方法，学生都能看懂，他们之间形成了对话。

做标记，从图1的文字标记法到图2的符号标记法，从图2一周的日历到图 3 两周的日历，但还是没有能够完成如图 4 的周日历。

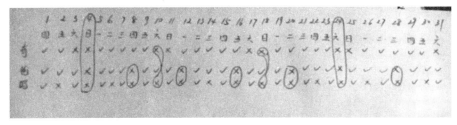

图 4

师：图 1 和图 2 都找出了 12 月 4 日，还有吗？

……

设计意图

课堂上，教师尊重学生做日历、做标记的方法，没有提前给到学生日历。学生将日历"拉长"，在头脑中想象和描画接下来日历的样子。上图出现的"拉长的日历"，是学生心中的"日历"，更是学生在解决这个问题过程中的一种策略和方法。尊重学生的元认知，呈现他们在解决问题过程中的真实想法，并在教师的帮助下呈现并完善。过程中文字标记、符号标记、列表、排列、"圈圈"的集合思想，是在尊重学生心中"拉长的日历"中逐渐呈现的。没有填鸭似的硬塞，是让学生自主建构，主动呈现。

2. 尊重让日历因需求而出现。

在帮助学生将日历"拉长"的过程中，有的学生很享受一点点画、一点点标、一点点圈的过程，也有的会觉得这个过程比较麻烦，会主动向教师要一本日历。尊重学生的需求，藏在信封里的日历，也在小组合作学习中，悄悄地给予了有需要的小组。

经历了"拉长的日历"汇报过程后，用日历的小组上场了，如图所示：

图5

这个小组用符号标记的方法，给全班同学以启发。

圈画后，又用了列举法：

奇思休息日有：3、4、10、11、17、18、24、25、31；

爸爸休息日有：4、8、12、16、20、24、28；

妈妈休息日有：2、4、6、8、10、12、14、16、18、20、22、24、26、28、30。

3. 集合圈的填写。

在做准标记的基础上，回到课始提出的问题：父母共同的休息日？父子共同的休息日？母子共同的休息日？全家共同的休息日？

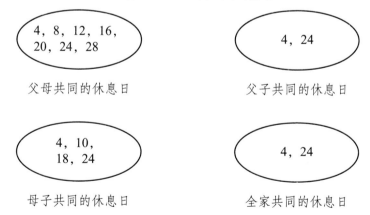

填写集合圈的过程中，解决了课始提出的问题。

课堂中，尊重学生学习数学的情感体验，让他们经历做标记、列表、填写集合圈的全过程。学生不仅仅获得了解决问题的方法，而且获得了良好的心理体验。

五、拓展与延伸，新问题的产生

观察集合圈中的数，有什么新发现呢？

当集合圈里的数被学生填满后，他们又开始了对集合圈中数字之间关系的发现与研究之旅。

整节课经历了问题的提出、问题的解决、反思发现新问题等，学生的学习就在这样的过程中发生着，周而复始，延绵不断。课尾看似结束的课堂，引发学生更加深入地对数与数之间的关系展开新思考。

"给""不给"日历的思考

"时间与数学"是北师大版三年级上"数学好玩"部分的内容。教材为我们直接呈现了"日历"，并在日历上用做标记的方法完成这节课的学习。

时间与数学

共同的休息日

奇思的父亲是火车司机，每工作 3 天后休息 1 天。奇思的母亲是飞机乘务员，每工作 1 天后休息 1 天。奇思是周六、周日休息。

9 月份

星期日	星期一	星期二	星期三	星期四	星期五	星期六
				1	2	3
4	5	6	7	8	9	10
11	12	13	14	15	16	17
18	19	20	21	22	23	24
25	26	27	28	29	30	

9 月 1 日大家都开始工作或学习。

● 用 △ 标出父亲的休息日，用 ○ 标出母亲的休息日。你发现了什么？

同时标有 △ 和 ○ 的日子有 4 号、8 号……

这些都是奇思的父母同时在家的日子。

● 再用 √ 标出奇思的休息日。你又发现了什么？

同时标有 △、○ 和 √ 的日子有 4 号、24 号。

只有这两天奇思和父母同时在家。

● 第一幅图表示的是父母共同的休息日，你看懂了吗？请你也像这样表示出其他的休息日。

4，8，12，16，20，24，28。

父母共同的休息日

父子共同的休息日

母子共同的休息日

全家共同的休息日

图 6

为了真正了解学生在学习过程中的需求，课前我将书上的题目按照不同的呈现方式，分别对两个平行班的学生进行了前测。一个班直接出示"奇思的爸爸是火车司机，每工作 3 天后休息 1 天。奇思的妈妈是飞行乘务员，每工作 1 天后休息 1 天。奇思是周六、周日休息。12 月 1 日是星期四，大家都要工作或学习。他们三个人的共同休息日有哪些？"的题目，但没有给出日历。而另一个前测班级，如书上的呈现方式，给出了日历。

前测的两个班里刚好有一对双胞胎姐妹：这两个学生平时即便是被放在两个房间中做同样的题目，解题思路也基本相同。面对这个题目，没给日历的姐姐，采取了将日期和周几进行列表后再做标记的方式完成，她只完成了10天的排列，给出了12月4日是共同休息日的结论。而另一班"给"了日历的妹妹利用做标记的方法，顺利地完成了任务。从完成任务的程度、答案准确的角度看，给出日历更具有优势！

到底"给"还是"不给"日历呢？带着思考，我们分析了两个班的前测数据：

前测数据

	做对的同学	做对一半的同学	有方法但做错的	其他情况
无日历	3	15	18	1
有日历	13	7	12	5

两个班的前测人数都是 37 人，我们很清楚地看出数据变化最大的是全对的人数。而看前两项的总和对比，人数仅相差 2 人。前三项的总和，无日历的却比有日历的多 4 人。说明没有给出日历的班级，似乎在自我方法的寻找过程中更具优势。我们一起看看没给日历的学生的呈现方法。

列表是把日历拉长后，学生饶有兴趣地写好日期，对应好周几，然后又做了文字标记、符号标记。在没有提供任何帮助的情况下，呈现此种方法的人有 25 人，占全班的 67.6%。

但是因为这样的方法既要兼顾到日期，又要兼顾到周几，还要关注到题目中所呈现的条件，他们中只有少数找到了 12 月 4 日这个共同休息日。

在这样的情况下，我期许着学生能有"日历"的需求。但他们有这样的需求吗？我又做了"访谈"前测。

随机抽取用上面方法的 10 位学生进行访谈，追问学生是否需要帮助？10 个学生中，9 个说需要时间，不需要帮助，仅有一个学生说到"给我一张日历就好了"！下面这些图是部分学生完成题目的"拉长日历"的方法。

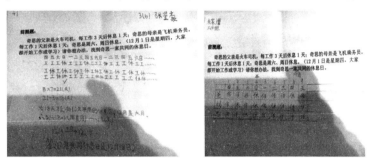

图7

图8

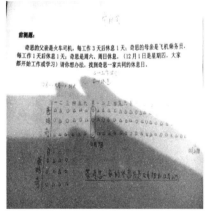

图9

学生乐于挑战，喜欢在活动中解决实际生活问题。因此，本课尊重学生的想法，通过学生"独立思考、反思调整、合作交流、全班汇报、完善提升"的过程，真正实现教学目标。尊重学生的选择，让学习在学生身上真正发生。学生通过"对比反思"，在原有水平上对问题有了新的理解，互通有无，不断修正，完善自我，成就自我的学习过程就是学生的真成长。

教后反思

学生素养的形成，源于经验，而经验源于经历，经历源于活动，活动源于机会。尊重学生，给予机会，让学生用自己喜欢的方法，完成本课的学习，是教师能够给学生创设的学习环境。因此，在对学生进行前测后，我决定尊重学生的想法，没有在课堂上提前呈现日历。日历在需求中给出，尊重学生的想法与做法，让他们在活动过程中完成对问题的解决，在良好的心理需求和体验中完成本节课的学习。

（中关村第二小学　慈艳）

让学生在思维中学会思维

——以"小数的意义、性质与加减法的复习"为例

　　学会思维，是数学学科应关注的核心素养。《义务教育数学课程标准（2011 年版）》在"课程目标"的"总目标"中指出："通过义务教育阶段的数学学习，学生能获得适应社会生活和进一步发展所必需的数学基础知识、基本技能、基本思想、基本活动经验""能运用数学的思维方式进行思考"。郑毓信教授也曾指出："数学核心素养的基本涵义就在于：我们应当通过数学教学帮助学生学会思维，并能使他们逐步学会想得更清晰、更深入、更全面、更合理。"从学会思维这个角度反思当下的小学数学课堂，还不同程度地存在着以下现象：教师不能放手让学生思考，学生思考时间不足；"满堂问"貌似有启发，实则牵着学生走；不关注学科本质的东西，学生思维浅表化；教师更多地关注学习的结果，不关注学生的思维过程与方法，导致学生没能掌握基本的思维方法或数学思想，稍有变式便不知所措。下面以俞正强老师执教的"小数的意义、性质与加减法的复习"为例，谈谈如何让学生在思维中学会思维。

　　一、巧创情境——孕伏思维方法

　　课前，教师在黑板上写下"吃饭"两字，让学生不说出这两个字，但能让人明白说的就是这两个字。学生兴趣盎然，教师不断地引导学生用多种方式表达这件事，游戏在轻松的氛围中进行着……

　　奥苏伯尔指出：学习心向包括认知、情感和行为三种成分，其中情感

是学习心向的核心成分。教师创设的游戏情境，贴近儿童生活，符合儿童好胜、好动的特点，儿童的学习心向自然形成。游戏看似与数学毫无关系，实则已经为学生的后续学习播下了发散性思维的种子。

二、问题引领——拨动思维触角

课始，教师在黑板上写了一个数"0.3"，要求学生独立思考，不说出它但能让别人明白你说的是 0.3。有研究表明，数学思维在大多数情况下并不能主动发生。这里，教师设计了一个很有价值的问题来拨动学生思维的触角。对于复习课来说，它不仅可以唤醒学生对小数的意义、计数单位、加减法、性质等多个知识点的记忆，进而从不同角度表达，还可以通过学生的回答、梳理、比较，帮助学生弄清知识间的联系，加深对知识的理解，形成更强、更优的知识结构。

三、思维实践——思维中学会思维

（学生独立思考了一段时间后，教师组织交流。）
师：你们想出了几种不同的方法？
（学生回答：三种、两种、一种。）
师：好！现在最多的是三种，最少的是一种。一种的同学先说说。
生：0.2+0.1。（师板书：0.2+0.1）
生：3 个 0.1。（师板书：3 个 0.1）
生：3 除以 10。（师板书：3 除以 10）
生：30 个 0.01。（师板书：30 个 0.01）
师：你们觉得这些还可以怎样延伸？（学生有点茫然）
师：这里可以是 30 个 0.01，还可以是 300 个——
生：噢，300 个 0.001，3000 个 0.0001，30000 个 0.00001……
生：十分之三。（师板书 $\frac{5}{10}$）
生：3−2.7。

生：大于 0.2、小于 0.4 的数。

生：大于 0.2、小于 0.4 的数，除了 0.3，还有 0.21、0.22 等。

生：应该是大于 0.2、小于 0.4 的一位小数。（师板书 0.2 至 0.4 之间的一位小数）

师：多严密啊！好，大家还有没说到的吗？

生：可以画个表格。（画好后）把 1 平均分成 10 份，取其中的 3 份。

师：呀！这种方法你们有没有想到过？是不是表示 0.3 呀？

没有学生的独立思考，就谈不上"基本思想、基本活动经验"的体会，学习活动也只是经历而不可能成为学生的活动经验；没有学生的独立思考，怎么能发现同伴回答中存在的问题进而补充、完善或创新？总之，没有学生的独立思考，学会思维、发展思维、培养能力的目标就会落空。本环节，在课前思维热身的基础上，教师充分地让学生独立思考，让他们从已有的认知结构中快速地检索出关于小数的相关知识，努力构建自己新的表达方式，直至学生"江郎才尽"。在这样一个生生互动、师生互动的交流过程中，学生自然领悟到要从不同角度思考、要严密地思考，对归类的思想也有了初步的体验。

四、适时追问——提升思维品质

师：上面这些说法中，哪一种说法是你没有想到的？

生：十分之三我没有想到。

生：把 1 平均分成 10 份，取其中的 3 份。

生：我也觉得是十分之三最不容易想到。

师：为什么这种方法我们最不容易想到？

生：我认为 0.3 是一个小数，而 1 是一个整数，小数应该和一个小数有联系，所以没想到。

生：我觉得我的思维太固定了，看到小数，就想不到它另外的形式了。

师：上面这些说法中，最简单的是哪一个？

生：0.1+0.2。

师：这些加减乘除，属于四则运算，我们最容易想到。0.3 是小数，$\frac{3}{10}$ 是分数，所以很难想到。0.3 是怎么得来的？

生：把 1 平均分成 10 份，取其中的 3 份。

师：所以一位小数就是几分之几？

生：十分之几。

师：十分之几就是几个什么？

生：0.1。

师：同学们，刚才你们为什么觉得难呢？

生：我们把分数当成分数，小数当成小数了，原来它们之间是有联系的。

在学生的思考过程中，教师适时的追问可以起到诊断学情、调节方向、拓展空间、深化理解、提升思维品质的作用。如第一次组织的反馈交流，一个学生用 3 个 0.1 表示 0.3，有学生因此而想到 30 个 0.01，教师通过追问引导学生思考：有没有重复？跟在谁的后面？不仅起到了调节思维方向、拓展思维空间的作用，还渗透了归类的思想。当一个学生说出"应该是大于 0.2、小于 0.4 的一位小数"时，教师一句"多严密啊！"提醒学生要注意思维的严密性。再如本环节中，教师通过追问"上面这些说法中，哪一种说法是你没有想到的？""最简单的是哪一个？"了解学生的思维状况，诊断学生的思维障碍，并据此加以引导，沟通了小数、分数知识间的本质联系，培养了学生思维的灵活性和深刻性。

五、组织反思——跃升思维层次

师：除了这些，你还能想到别的说法吗？

生：还可以用方程 1×0.3＝0.3。

师：好！还有吗？

师：（教师看学生实在想不出来后，边说边板书）把 3 的小数点向左移动一位。

生：（齐）哦！

师：为什么没想到？

生：我们把整数和小数分开了，还是不善于联系起来想。

师：如果老师把刚才这些说法都编成数学题，一共有多少道？每一道题都可以编出很多相似的题目，做得完吗？（学生回答：做不完）你们再仔细看一看，其实只有几道题？

生：三道题。小数的意义、运算、小数点移动。

师：对呀！你们终于会思考了！你们觉得这节课的目的是什么？

生：你想让我们知道小数的知识。

生：你想让我们知道一个数有很多种表示方法。

生：你想让我们养成发散思维的习惯。

生：你想让我们知道，不管回答什么问题，都不要盲从。

反思是学生深度学习必不可少的一步，是学生对数学学习活动的整理回顾，是对自己学习行为的评价，是对解决问题方法的总结提升。它能让经历变为经验，让方法提升为思想。本环节，在学生解决问题后，教师没有就此作罢，而是通过"为什么没想到？"引导学生反思自己的思维方式；通过"其实只有几道题？"引导学生比较、分析这些问题的特点，从而进行归类。如果说在此之前的提问是在发散学生的思维，那么这个问题则是在培养学生类比、归纳的能力。"你们觉得这节课的目的是什么？"这一指向教学目标的提问，引导学生反思学习过程和这节课的收获，从学生一个比一个更有层次的回答看，学生收获的不仅仅是小数的意义等知识，重要的是初步掌握了运用联系的观点多角度地思考问题的方法，并初步体验了归类的思想。

总之，小学数学教学中，只要我们认真研读教材，把握学科本质，充分发挥学生的主体作用，以问题启迪思维，以引导优化思维，以反思提升思维，就一定能让学生在思维中学会思维。

（江苏省盐城市亭湖区教师发展中心 袁敬丰）

图书在版编目（CIP）数据

好课是这样创成的·数学卷／雷玲主编．—上海：华东师范大学出版社，2019

ISBN 978－7－5675－9880－5

Ⅰ.①好... Ⅱ.①雷... Ⅲ.①数学课—教案（教育）—中小学 Ⅳ.① G633

中国版本图书馆 CIP 数据核字（2019）第 250446 号

大夏书系·推敲课堂

好课是这样创成的（数学卷）

主　　编	雷　玲
策划编辑	李永梅
审读编辑	万丽丽
封面设计	奇文云海·设计顾问

出版发行	华东师范大学出版社
社　　址	上海市中山北路 3663 号　邮编　200062
网　　址	www.ecnupress.com.cn
电　　话	021－60821666　行政传真　021－62572105
客服电话	021－62865537
邮购电话	021－62869887　地址　上海市中山北路 3663 号华东师范大学校内先锋路口
网　　店	http://hdsdcbs.tmall.com

印 刷 者	北京季蜂印刷有限公司
开　　本	700×1000　16 开
插　　页	1
印　　张	14.5
字　　数	214 千字
版　　次	2020 年 1 月第一版
印　　次	2020 年 1 月第一次
印　　数	6 100
书　　号	ISBN 978－7－5675－9880－5
定　　价	45.00 元

出 版 人	王　焰

（如发现本版图书有印订质量问题，请寄回本社市场部调换或电话 021-62865537 联系）